야고보서 강해

“이 저서는 2010학년도 경성대학교 학술연구비 지원에 의하여 연구되었음”

야고보서 강해

김명수 지음

한국학술정보(주)

머리말

마르틴 루터는 야고보서를 지푸라기 서신으로 규정하고 정경에서 제외시킨 적이 있다. 그 이래로 야고보서는 개신교 역사에서 별로 주목을 받지 못했다. 바울의 칭의(稱義)신앙에 정면으로 위배된다고 보았기 때문이다.

그러나 독일의 신학자 본회퍼 목사는 바울의 칭의신앙이 잘못 이해되면 '싸구려 은혜' 신앙으로 전락될 것이라고 경고한 바 있다. 그것은 믿음만 강조하고 믿음에 걸맞은 행위나 삶을 경시한 개신교 신앙의 일반적인 폐단에 대한 적절한 경고라고 생각된다. 그동안 한국 교회는 근대화와 경제성장 정책에 힘입어 양적으로 엄청난 성장을 누려 왔다. 그럼에도 불구하고 한국 사회의 고질병인 양극화 현상, 곧 부익부 빈익빈 현상은 더욱 심화되고 있다.

문민정부가 들어선 이후에도, 한국 사회에서는 대형 부패, 비리, 부정 사건이 계속 일어나고 있다. 그때마다 약방에 감초처럼 한국 교회의 지도급 인사들이 관련되어 사회의 지탄 대상이 되고 있는 것이 오늘의 현실이다. 기독교 신앙인이 많아지면, 그에 비례하여 사회가 맑아지고 건강해져야 하는 것이 정상일 것이다. 그렇지 못하다면, 한국 교회의 선교에 무엇인가 문제가 있는 것이다. 반성해야 할 일이다.

예수 믿어 복 받고 구원받는 것을 선교의 일차적 목표로 삼고 있는 한국 교회의 선교 현실에서, 사도 야고보가 증언하고 있는 행동을 수반한 믿음의 촉구는 아무리 강조해도 지나치지 않을 것이다. 야고보는 행함이 결여된 신앙은 죽은 신앙에 불과하며, 행함과 실천이 동반될 때 믿음은 비로소 완전하게 된다고 증언하고 있다.

그리스도인은 두 번 거듭나야 한다. 그리스도 안에서 나 자신이 거듭나는 체험을 해야 하고, 그리스도와 더불어 이웃과 사회를 향하여 다시 한 번 거듭나는 체험을 가져야 한다. 야고보서가 중요시하는 믿음과 행함의 변증법적 통합은 일반적으로 한국의 기독교인들에게 결여되어 있는 이웃과 사회에 대한 책임의식을 갖도록 한다.

차례

제1강 프롤로그

    "하나님과 주 예수 그리스도의 종인 나 야고보는, 세계에 흩어
져서 사는 열두 지파에게 문안을 드립니다."(1:1)

성경은 어느 책이나 하나님의 말씀이지만, 사람마다 제각기 좋아
하는 책이 따로 있기 마련이다. 칼빈은 에베소서를 좋아했고, 루터는
갈라디아서를 애독하였다. 공관복음서(共觀福音書)를 즐겨 읽는 사
람이 있는가 하면, 요한복음서를 즐겨 읽는 사람이 있다. 한 개인의
생애를 놓고 보더라도 젊었을 때 즐겨 읽는 책이 있고, 나이가 들어
좋아하는 책이 있다. 건강할 때 즐겨 읽는 책이 있고, 병상에 누워
있을 때 특별히 은혜가 되는 책이 있다.

믿음에 대한 확신이 사라지고 회의가 생길 때는 로마서나 갈라디
아서를 읽는 것이 유익하다. 절망하거나 실의(失意)에 빠졌을 때는
베드로의 편지를 읽는 것이 유익하고, 외로울 때는 시편을 읽으면
힘을 얻는다. 그러면 야고보서는 어떠한가? 시련을 당하거나 시험에
빠졌을 때 읽는 것이 유익하다. 뿐만 아니라 만사가 형통하여 성공
적인 신앙생활을 할 때에도 야고보서를 읽는 것이 유익하다. 우리

자신의 신앙을 점검할 수 있는 잣대를 제공하기 때문이다.

마르틴 루터(M. Luther)는 '오직 믿음으로!'(sola fide!)라는 기치를 내걸고 중세의 부패한 가톨릭교회의 개혁을 단행했다. 그는 야고보서를 '지푸라기 서신'이라고 혹평(酷評)하면서, 정경성(正經性)을 부인하였다. 그 이래로 야고보서는 가톨릭교에서 중요하게 취급된 것에 비해서 개신교에서는 별로 주목을 끌지 못하였다. 왜 그런가? 이 서신에서는 이신득의(以信得義) 사상을 발견할 수 없고, 십자가와 부활에 관해 언급한 바가 없기 때문이다.

독일의 신학자 본회퍼(D. Bonhoeffer)는 일찍이 바울의 이신득의 사상을 잘못 이해하여 신앙을 절대화시키면, 기독교 복음을 '싸구려 복음'으로 전락시킬 위험이 있음을 경고한 바 있다. 신앙 절대주의, 곧 구두신앙(口頭信仰)은 그리스도교인으로서의 역사적 삶과 사회적 책임 의식을 마비시킬 뿐만 아니라, 그리스도교인들을 개인 이기주의적인 신앙생활에 안주하게 만든다는 것이다.

"구슬이 서 말이라도 실에 꿰어 놓아야 제 구실을 한다."는 옛 속담이 있다. 그리스도교 신앙도 마찬가지이다. 그것이 아무리 좋다 하더라도, 그리스도교인의 행동과 삶 속에서 현실적으로 육화(肉化)되지 않는다면, 그 신앙은 생명력을 잃게 되고, 박제화(剝製化)된 죽은 신앙으로 변질되고 말 것이다.

야고보서를 쓰게 된 동기가 어디 있는가? 바울의 이신득의 사상이 잘못 이해되어 신앙 절대주의로 흐르고, 세상에서 빛과 소금이 되어야 할 교회가 그렇지 못한 데 대한 하나의 신학적 반성의 일환이다. 야고보서 저자는 본서를 통해서 복음의 참된 모습이 무엇인가 그리고 신앙의 일면적(一面的) 이해를 극복하고 전체성(全體性) 회복을 주장한다.

불교에서는 깨달음에 관한 논쟁이 있다. 돈오돈수(頓悟頓修)와 돈오점수(頓悟漸修) 논쟁이 그것이다. 돈오점수론에는 선점후돈론(先漸後頓論)과 선오후수론(先悟後修論)이 있다. 문득 깨달음에 이르기까지에는 반드시 점진적 수행(漸修)단계가 전제되어야 한다는 입장이 전자이고, 먼저 단박에 깨닫고 그 후에 점진적으로 수행해야 한다는 것이 후자의 입장이다. 당(唐)나라 신회(神會)의 남종선(南宗禪) 계통은 선오후수의 입장을 취하였고, 고려시대 지눌(知訥)도 이 입장을 따른다. 지눌은 깨달음[悟]을 햇빛에 비유한다. 한순간 갑자기 만법(萬法)이 밝아진다는 것이다. 이에 반해서 그는 닦음[修]을 거울에 비유한다. 거울에 낀 때를 점차적으로 닦아 낼 수 있다. 돈오[覺]를 한 후에도, 때가 여전히 끼어 있으니 점진적인 수행 과정을 통해서 그것을 닦아 낼 필요가 있음을 지눌은 역설한다. 성철(性徹) 스님은 이러한 지눌의 입장을 반박한다. 깨친 다음에도 닦을 것이 남아 있다면, 그것은 진정한 깨침이 될 수 없다는 것이다. 그는 깨침과 닦음을 동시적 사건으로 본다. 돈오(頓悟)와 돈수(頓修)가 일치할 때, 궁극적인 깨달음[究竟覺]에 이를 수 있고, 그다음에는 더 닦을 것이 없다는 입장이다.

이상에서 살펴본 불교의 돈오(頓悟)논쟁은 기독교에서 다루는 믿음과 구원 논쟁과 유사한 점이 있다. 인간은 어떻게 구원받을 수 있는가? 예수 그리스도에 대한 믿음을 통해서다. 그러면 믿음이란 무엇인가? 단순히 입으로 시인하는 것을 의미하는가? 그렇다. 입으로 시인하는 것이다. 인간은 믿음을 통해서 하나님 앞에 나아갈 수 있다. 하나님과의 올바른 관계를 회복하는 데는 믿음이 필요하다. 믿음으로 구원을 얻으면 그것으로 끝나는가? 그렇지 않다. 성화(Sanctification)

과정이 필요하다. 따라서 믿음과 행동, 그리고 믿음과 삶은 둘이면서 하나요, 하나이면서 둘이다. 즉 믿음과 행함의 관계는 그렇지 않으면서도 그런 것이요[不然其然], 같지 않으면서도 같은 것이다[不同而同].

야고보서는 믿음을 부정하는 것이 아니다. 말에 그친 믿음, 형식적인 믿음, 내용이 없는 믿음, 고백이 빠진 믿음, 곧 행함이 없는 믿음을 비판한다. 따라서 야고보서 저자는 영혼이 없는 몸이 죽은 몸이듯이, 행함이 결여된 믿음을 죽은 믿음이라고 선언한다. 바른 믿음, 행동하는 믿음, 열매를 맺는 믿음, 성화(聖化)의 믿음에 관해서 말한다.

갈라디아서가 '은혜의 복음서'요, 빌립보서가 '기쁨의 복음서'라면, 야고보서는 '행위의 복음서' 또는 '성화의 복음서'라고 말할 수 있을 것이다.

야고보서는 언어와 문체로 볼 때 바울 서신보다도 더 세련된 코이네(koine) 헬라어를 사용하고 있다. 이는 아람어로 쓰인 원문을 헬라어로 번역한 것으로 볼 수도 없다. 신약성서에서는 단지 히브리서의 헬라어가 야고보서의 그것에 비견할만하다.

그러면 야고보서의 저자는 누구인가? 성서에는 야고보라는 이름이 자주 등장한다. 대표적인 이름으로는 셋이 있는데, 갈릴리에서 어부 생활을 하던 세베데오의 아들이자 요한의 형인 야고보가 있고, 알패오의 아들인 사도 야고보가 있으며, 주님의 손아래 동생인 야고보가 있다. 격식을 차리지 않고 자신의 권위를 주장하고 있는 점으로 미루어 볼 때 야고보서 저자는 아마도 편지를 받는 교회들 사이에서 보편적으로 널리 알려진 인물임에 틀림없다. 따라서 주의 동생 야고보가 가장 유력시된다.

주의 동생 야고보는 어떤 인물인가? 그는 예수의 제자 그룹에 속하지 않았다. 예수의 공생애 기간 동안 하나님 나라 선교에 참여하지도 않았다. 그는 예수께서 부활하신 후, 비로소 초대교회의 예수운동에 가담하기 시작하였다(고전15:7). 마침내 야고보는 예루살렘 교회의 최고 지도자 가운데 한 사람이 되었고(갈1:19), 주후 49년 예루살렘에서 개최된 유대계 그리스도교와 이방계 그리스도교 선교 지도자 회의를 주재하기도 하였다(갈2:9).

예루살렘 교회의 초대 감독이었던 야고보는 엄격한 유대교의 전통에서 기독교 신앙을 해석하였다. 그는 율법과 정결법을 고수하였고, 바울의 이방선교에 대해서는 우호적인 태도를 보인 인물이었다. 요세푸스(F. Josephus)에 따르면 야고보는 주후 62년경 예루살렘에서 순교(殉敎)를 당했다.

이 서신은 예루살렘 교회의 최고 지도자인 야고보가 로마세계에 흩어져 있는 살고 있는 그리스도교인들에게 보내는 영적인 편지이다.

이 서신의 내용을 살펴보자. 예수 그리스도라는 고유명사는 단지 두 곳에서 언급되고 있을 뿐이다(1:1; 2:1). 예수의 공생애(公生涯)에 대한 언급이 없을 뿐만 아니라 수난과 부활에 관한 이야기도 등장하지 않는다. 다른 편지들과 달리 소위 그리스도론적 동기(動機)를 찾아볼 수 없는 것이 야고보서의 특징이다.

그렇다면 야고보서는 예수 그리스도와 무관한 서신인가? 그렇지 않다. 이 서신의 자료들 가운데는 공관복음서에서 나타나고 있는 예수의 말씀과 내용적으로 공명(共鳴)되는 것들이 상당수 눈에 띈다. 야고보서 전체가 5장 108절로 구성되어 있는데, 그 가운데 절반인 54절이 명령형으로 된 권면이다. 그 권면들 가운데 스물일곱 요절이 특히 마태복음서의 산상수훈(5~7장)에 나오는 예수의 교훈과 내적 연관성을 가진다.

야고보서에는 하나의 일관된 주제나 통일된 신학사상이 나타나지 않는다. 여러 형태의 교훈과 훈계들이 단편적으로 그리고 주제별로 상호 교대로 등장할 뿐이다. 야고보서의 신학적 주제는 크게 네 가지로 구분된다. 부(富)와 빈곤(貧困)의 문제, 율법(律法)과 자유(自由)의 문제, 신앙(信仰)과 실천(實踐)의 문제, 교회(敎會)와 세계(世界) 사이의 문제가 그것이다.

1절에서 야고보는 자기를 가리켜 '하나님과 주 예수 그리스도의 종(doulos)'이라고 소개한다. '둘로스'는 그 시대적 상황을 반영한다. 초대교회가 존재했던 로마제국 시대는 고대 노예제(奴隸制) 사회에 속한다. 생산을 비롯한 사회의 모든 구성이 노예에 의해서 지탱되었다. 노예는 주인의 소유물로 간주되었고, 마음대로 매매(賣買)할 수 있었다. 야고보가 자기 자신을 둘로스라고 소개하였다면, 하나님과 예수 그리스도에 대한 절대 복종, 겸손, 충성을 다짐한 것이다.

디아스포라는 '세계에 흩어져 사는'으로 번역되고, 디아스포라 유대인은 팔레스티나 밖에 거주하는 유대인들 총칭한다. 유대민족의 디아스포라 역사는 국권을 상실한 유대의 식민지 역사, 특히 바빌론 포로기(B.C.597~538)와 더불어 시작된다. 디아스포라 유대인은 주로 회당(Synagogue)을 중심으로 신앙생활을 하였다. 디아스포라 유대사회는 초대교회의 이방선교에 여러 가지 면에서 도움을 주었는데, 바울은 자신이 디아스포라 출신이었을 뿐만 아니라, 초창기에는 디아스포라 유대교 회당을 거점으로 복음을 전파하였다. 본문에서 '열두 지파'는 이방 그리스도교인을 총칭하는 개념이다. 야고보는 이 편지를 로마제국에 흩어져 살고 있는 모든 그리스도교인들에게 보낸다.

제2강 시험과 인내

"나의 형제자매 여러분, 여러분이 여러 가지 시험에 빠질 때에, 그
것을 더할 나위 없는 기쁨으로 생각하십시오. (3) 여러분은 믿음의 시
련이 인내를 낳는다는 것을 알고 있습니다. (4) 여러분은 인내력을 충
분히 발휘하여, 조금도 부족함이 없이 완전하고 성숙한 사람이 되십시
오."(1:2-4)

야고보서 저자는 로마제국에 흩어져 살고 있는 디아스포라(Diaspora)
그리스도교인들에게 첫인사를 마친 후, 시험을 첫 주제로 삼고 있다.
여기에는 중요한 의미가 있다.

일반적으로 예수를 믿으면 영혼이 잘됨같이 범사에 잘되고 강건한
삼박자 축복을 받는다고 생각한다. 매사가 잘 풀리고, 사업에 성공하
고, 자식이 잘된다고 생각한다. 좋은 일만 생기고 시험과 환난은 당
하지 않는다고 생각한다. 예수를 믿으면 복(福)을 받고, 화(禍)는 당
하지 않는다고 생각한다. 그러나 예수를 믿는다고 해서, 복만 받는
것이 아니다. 예수를 믿지 않는다고 해서 화만 당하는 것도 아니다.

복이라는 것은 생각하기에 따라서 화가 될 수 있다. 화도 마찬가

지이다. 생각하기에 따라서 복이 될 수도 있다. 인간사는 마치 새옹지마(塞翁之馬)와 같다. 화와 복에 너무 집착하여 거기에서 벗어나지 못할 때, 인간은 본래적인 삶을 상실하게 되고, 중용(中庸)을 잃게 된다.

야고보는 디아스포라 그리스도교인들에게 제일 먼저 무엇에 관해서 언급하고 있는가? 시험이다. 예수를 믿어도 환난과 시험을 당할 수 있다는 사실을 전제한 말이다. 예수만 믿으면 구원받고 만사가 자기 뜻대로 되리라고 생각한다면, 그것은 착각이 아닐 수 없다. 예수만 믿으면 아무런 어려움이 닥치지 않으리라고 생각하는 것은 잘못이다. 돈을 달라면 돈을 주고, 건강을 달라면 건강을 주고, 사업이 잘되게 해 달라면 사업을 잘되게 해 주는 분으로 착각해서는 안 된다. 소위 하나님을 도깨비 방망이로 이해해서는 안 된다.

개인도 시험을 당하고 교회도 시험을 당한다. 특히 큰일을 하려고 하면 반드시 시험이 뒤따르기 마련이다. 은혜가 충만한 때 그리고 은혜가 충만한 곳에 시험이 들 확률이 높다. 시험이 없기를 바라서는 안 된다. 시험 자체가 문제가 아니다. 그 시험을 신앙적으로 어떻게 대처하느냐가 문제이다. 신앙적으로 어떻게 대처하느냐에 따라 시험은 우리에게 복(福)이 될 수도 있고 화(禍)가 될 수도 있다. 전화위복(轉禍爲福)이 될 수 있다.

'여러 가지 시험을 당하거든'에서 '여러 가지'는 우리가 도저히 감당할 수 없는 많은 분량(分量)의 시험을 말하지 않는다. 그것은 시험의 다양성(多樣性)을 말한다. 우리는 온갖 종류의 시험을 만나면서 살아간다. 어떻게 보면 인간의 삶 자체가 시험의 연속이다.

그러면 무엇이 인간을 시험에 빠지게 하는가? 칠정오욕(七情五慾)

이다. 칠정은 무엇인가? 희(喜)·노(怒)·애(哀)·낙(樂)·애(愛)·오(惡)·욕(慾)이다. 오욕은 무엇인가? 재(財)·색(色)·음식[食]·명예[名]·수면(睡眠)이다. 불교에서 오욕은 색(色)·성(聲)·향(香)·미(味)·촉(觸)이다. 인간이 살아 있다는 것은 무엇을 뜻하는가? 칠정오욕이 발동한다는 것을 뜻한다. 칠정오욕이 발동하는 한, 인간은 시험에서 자유로울 수 없다. 이런 사람은 이런 시험을 당하고, 저런 사람은 저런 시험을 당한다. 오늘은 이런 시험을 당하고 내일은 저런 시험을 당한다. 인간은 끊임없이 시험 가운데 실존한다.

그러면 도대체 '시험'으로 번역된 헬라어 '페이라스모스'(peirasmos)는 무엇을 뜻하는가? '던져 보다' 또는 '한번 건드려 보다'를 뜻한다. 페이라스모스에는 두 가지가 있다. 외적(外的)인 환경에 따른 것과 내적(內的)인 환경에 따른 것이 있다. 외적인 페이라스모스는 천재(天災), 역경, 사고, 고난, 시련 등이 해당되고, 내적인 페이라스모스는 칠정오욕의 발동으로 인한 시험들을 말한다. 본문에서는 주로 외적인 페이라스모스를 암시하고 있다.

그리스도교인은 갖가지 시험을 당한다. 그러나 그것을 믿음의 눈으로 보면 시련이 된다. 시련은 저주가 아니다. 화도 아니다. 신앙의 눈으로 보면 시련은 우리를 믿음을 연단하게 하고, 결과적으로 우리에게 축복을 가져온다. 그렇기 때문에 "시험을 당하거든, 기쁘게 여기라"고 한다.

하나님께서 아브라함을 시험하신다. 백 세에 얻은 아들 이삭을 바치라는 것이다. 참으로 어이없는 일이다. 시련이 아닐 수 없다. 마침내 모리아 산에 이르러 이삭을 제물로 바치려는 순간, 하나님께서는 그의 속마음을 보시고 그에게 큰 축복을 내리신다. 아브라함에게 있어서 시험은 결과적으로 축복을 가져온다.

이와 같이 시험을 감당해 가는 과정 속에서, 우리의 신앙이 단련되고 성장한다. 시련을 통해서 영적으로 성숙된 인간이 된다. 시험을 기쁘게 생각하라는 말씀은 바로 그 때문이다. 시험을 당할 때 원망해서는 안 된다. 믿음으로 기쁘게 여겨야 한다. 왜 기뻐해야 하는가? 그것은 하나님께서 나를 사랑하시는 증거이기 때문에 기뻐할 수밖에 없다. 하나님께서 시험을 주실 때는 그것을 감당할 힘도 우리에게 주시고, 그것을 피할 지혜도 우리에게 주신다. 우리가 감당할 수 없는 시험을 하나님은 주시지 않는다. 우리가 보기엔 감당하기 어려운 것으로 보일지 모른다. 그러나 그렇지 않다. 충분히 다 감당할 수 있다. 그렇기 때문에 하나님께서 우리에게 주시는 것이다.

우리는 시험을 감당해 가는 과정에서 힘과 지혜를 얻게 된다. 그래서 기뻐하라고 한다. 우리는 시험을 통해서 우리 자신이 성장하게 되는 것을 경험한다. 내 인격이 자라고, 내 의지가 굳건해지고, 내 믿음이 자라는 것을 자각하게 된다. 이러한 과정을 기뻐하지 않을 수 없다.

시험의 마지막 결과를 믿기 때문에 시험을 기뻐한다. 믿음으로 잘 참고 견디기만 하면, 그 시험들이 하나님의 축복으로 변한다는 사실을 믿기 때문이다. 시험이 결국 하나님께는 영광을 드리고, 나에게는 축복이 됨을 알기 때문이다.

우리는 시험을 신앙의 눈으로 볼 수 있는 혜안(慧眼)이 필요하다. 시험을 당할 때, 그것을 객관적인 눈으로 바라보고, 좀 더 긴 안목(眼目)에서 바라볼 수 있는 마음의 여유를 잃지 말아야 한다. 시험을 기쁘게 여기려면 어떻게 해야 하는가?

3절에 "너희는 알고 있다"라고 말한다. 알아야 기뻐할 수 있다. 시험이 유익하다는 것을 알고 있을 때, 기뻐할 수 있게 된다. 무엇을 알고 있는가? "믿음의 시련이 인내를 낳는다는 사실"이다.

바울도 로마에 있는 교우들에게 말한다. "하나님을 사랑하는 사람들, 곧 그 뜻대로 부르심을 받은 사람들에게는, 모든 일이 서로 협력해서 선을 이룬다는 것을 우리는 압니다."(8장 28절) "우리는 환난 가운데서도 자랑을 합니다. 환난은 인내를 낳고, 인내는 품격을 낳고, 품격은 희망을 낳는다는 사실을 우리는 알고 있습니다."(롬5장 3 - 4절)

'아는 것이 힘이다.'(F. Bacon)라는 말도 있지만, 이와 같이 시험과 환난이 우리의 믿음을 강건하게 해 줄 결과를 알고 있을 때, 당하는 시험을 기뻐할 수 있다. 알고 보면, 믿음만큼 중요한 것이 없다. 부귀와 명예 그리고 돈이 아무리 귀하다 해도, 건강만은 못하다. 사실 건강을 잃으면, 모든 것을 잃게 된다.

무엇에 더 중점을 두고 사느냐가 중요하다. 인생의 가치 기준을 어디에 두고 사느냐가 중요하다. 그리스도교인에게는 '믿음'이 가장 중요하다. 믿음은 금보다도 귀하고 그 무엇보다도 귀한 것이다. 따라서 우리의 믿음이 병들고 문제가 생길 때, 하나님은 그냥 방치하지 않으신다. 믿음을 바로잡고 강건하게 하기 위해서 여러 가지 방법을 강구하신다. 믿음이 어떻게 바로잡아질 수 있는가? 어떻게 강건해질 수 있는가? 시험을 많이 당하고, 시련을 많이 겪어야 한다. 그래서 야고보는 '시련'을 '믿음'과 연관시켜 말한다. "믿음의 시련이 인내를 낳는다." 하나님은 우리의 믿음이 강건하게 되기를 바라신다. 이를 위해서 무슨 일이라도 하신다. 우리의 건강을 치기도 하시고, 사업을 치기도 하신다. 하나님은 값지고 귀한 것을 주기 위하여, 그보다 못한 것을 가져가신다.

'믿음의 시련'에서 믿음은 금속을 제련(製鍊)하는 것에 비유된다. 철은 담금질을 많이 하여 많이 때려야 단단해진다. 그래야 강해지고 질기게 된다. 믿음도 이와 같다. 시련으로 연단되어야 강건해지고 환난풍파를 견뎌낸다. "믿음의 시련이 인내를 낳는다"고 한다. 인내(忍耐)로 번역된 '후포모네'(hypomone)는 맨 아래 처한다는 뜻을 담고 있다. 마지못해 하거나, 억지로 참고 견디는 소극적인 태도보다는, 어려움을 넉넉한 마음으로 수용하고, 스스로 맨 밑에 있기를 자처(自處)한다는 적극적인 의미가 담겨 있다. 맞고 또 맞고 해서 단련되면, 시련까지도 두려워하지 않고, 오히려 즐겁게 받아들인다는 의미이다. 그리하여 마침내 믿음의 인격이 되는 것이다.

"인내력을 충분히 발휘하여, 완전하고 성숙한 사람이 되라"고 한다. 도중에 낙심하여 포기하지 말고, 일단 마음먹었으면, 끝까지 참고 견디라는 것이다. 인내를 끝까지 발휘하면, 두 가지를 얻게 된다. 첫째는 완전하게 된다(teleios). 헬라어 텔레이오스는 주어진 목표에 도달한 것을 의미한다. 소기의 목적을 달성하는 것이 텔레이오스이다. 둘째는 성숙하게 된다(holokleros). '홀로클레로스'는 군사용어이다. 완전무장한 군인 또는 고도로 훈련된 군인을 뜻한다. 신앙적으로 결함이 없는 완벽한 인격을 이에 비유한 것이다.

시험을 만날 때, 그것을 온전히 여기고, 인내함으로써 온전한 인격을 이루는 계기로 삼아야 할 것이다.

제3강 믿음으로 구함

"여러분 가운데, 누구든지 지혜가 부족하거든, 아낌없이 주시고, 나무라지 않으시는, 하나님께 구하십시오. 그러면 받으실 것입니다. (6) 조금도 의심하지 말고, 믿고 구하십시오. 의심하는 사람은 마치, 바람에 밀려서 출렁이는 바다 물결과 같습니다. (7) 그런 사람은 주께로부터 아무것도 받을 생각을 하지 마십시오. (8) 그는 두 마음을 품은 사람이요, 그의 모든 행동에는 안정이 없습니다."(1:5－8)

야고보서 저자는 로마제국에 흩어져 살고 있는 그리스도교인을 향하여 이 편지를 쓰고 있다. 예루살렘 교회의 초대 감독이었던 야고보는 목회자이면서 동시에 선교사였다. 그는 목회자적인 관심에서 믿는 사람들이 당하는 문제가 무엇인가를 앞에서 살펴보았다. 시험이었다.

두 번째 문제는 기도이다. 그리스도교인은 모두 기도를 한다. 신앙생활은 기도와 별도로 생각할 수 없다. 신앙생활은 곧 기도생활인 것이다. 그러면 어떤 자세로 기도를 해야 하는가? 신앙생활을 단지 윤리적인 관점에 국한해서 생각하는 사람들이 있다. 마음을 정결하게 하고, 남에게 폐를 끼치지 않고, 선을 행하고, 불우한 이웃을 돕는 것을 신앙생활의 전부로 생각하는 사람이 있다. 물론 신앙생활의 결과로 이러한 현상이 나타날 수는 있다. 그러나 신앙생활을 이것과 동일시할 수는 없다.

"시험을 당할 때, 온전히 기쁘게 여기라"고 했다. 시험에 대한 구체적 해결책은 기도이다. 기도로 응답을 받아야 시험을 당해도 기뻐할 수 있다. 인내를 온전히 이루는 방법도 기도이다. 기도해야 참고 견딜 수 있다. 인내의 힘은 바로 기도에서 나온다.

본문에서 우리는 기도의 대상에 대해서 살펴볼 필요가 있다. 기도할 때는 먼저 내가 누구를 향하여 기도하는가를 살펴보아야 한다. 주님께서 제자들을 가르친 기도문은 "하늘에 계신 우리 아버지……"로 시작된다. 하나님, 야훼, 전능하신 분 등 여러 가지 이름이 있다. 그러나 가장 친근감을 가지는 호칭은 아버지이다.

기도의 대상을 알게 되면, 거기로부터 자연히 기도의 자세가 나오고, 기도의 내용이 결정된다. 한국 교회는 신앙의 경건성이 결여되어 있다. 경건이란 무엇인가? 하나님 앞에서 자기를 낮추는 것이다. 자기 십자가를 지는 것이다. 자기 에고를 죽이고, 항상 텅 빈 마음가짐으로 주님을 따르는 것이 경건이다. 겸손하고 자기를 비우는 몸의 훈련이야말로, 경건생활의 핵심이다.

기도의 대상이 누구인가? 하늘에 계신 우리 아버지이다. 기도는 하나님과의 대화인데, 그것은 자식과 아버지의 대화에 비유될 수 있다. 자식이 아버지와 대화할 때 어떠한 자세를 가져야 하는가? 겸손한 자세이다. 아버지와 대화하면서 고함치며 삿대질한다면 어찌되겠는가? 간혹 통성 기도를 한답시고 두 주먹을 불끈 쥐고, 고래고래 소리를 지르는 사람이 있다. 그것은 경건성이 상실된 기도이다. 기도할 때는 자세가 중요하다. 모름지기 기도는 경건해야 한다. 말을 많이 한다고 응답을 받는 것도 아니다. 저녁에 집에서 기도할 때 다른 사람이 보거나 안 보는 것이 문제가 되어서는 안 된다. 혼자 있다고 해서 드러누워서 기도하거나, 아니면 아무렇게나 앉아서 기도해서도 안 된다. 혼자 있을 때, 더욱 단정한 자세로 기도해야 한다.

경건한 기도의 모범을 우리는 누가복음 18장에서 발견할 수 있다. 누가복음 18장에는 바리새파 사람과 세리가 기도하는 장면이 나온다. 바리새파 사람은 성전의 앞에 나아가 목소리를 높여 기도한다. "하나님, 감사합니다. 나는 토색하는 자나, 불의한 자나, 간음하는 자 같은 다른 사람들과 같지 않으며, 이 세리와도 같지 않습니다. 나는 이레에 두 번씩 금식하고, 내 모든 소득의 십일조를 바칩니다." 그런데 세리는 멀찍이 서서 하늘을 우러러볼 엄두도 내지 못한다. 손으로 가슴을 치며 속으로 읊조리며 기도한다. "하나님, 이 죄인에게 자비를 베풀어주십시오." 누구의 기도가 의롭다 함을 받았는가? 물론 세리의 기도이다.

유교의 경전에 4서 5경이 있다. 그중의 하나가 중용(中庸)인데, 중용은 공자(孔子)의 손자인 자사(子思)에 의해서 쓰인 것으로 전해진다. 이 책 가운데 "막견호은(莫見乎隱), 막현호미(莫顯乎微), 고 군자(故君子) 신기독야(愼其獨也)"라는 구절이 있다(1장). 숨어 있는 것 가운데 결국 드러나지 않는 것이 없고, 미미하고 하찮은 것처럼 보이지만, 나타나지 않는 것이 없다. 그리하여 군자는 혼자 있을 때, 신중히 행동해야 한다는 것이다. 남이 볼 때 잘 하는 것이 아니라, 항상 혼자 있을 때도 행동을 삼가는 사람이라야 군자라는 것이다. 군자와 같이 혼자 있을 때도 몸과 마음가짐이 흐트러지지 않고,

몸가짐을 항상 삼가는 자세는 그리스도교인의 영성생활, 특히 기도 생활에 필요하다.

야고보는 "나무라지 않으시는 하나님께 구하라"고 말한다. 인간이 자기의(自己義)로 하나님 앞에 나아갈 사람은 아무도 없다. 구원은 오로지 하나님의 은혜로 주어진다. 값없이 거저 주신 선물이 구원이다. 우리의 구원은 오로지 하나님의 의(dikaiosyne tou theou), 곧 십자가 의(十字架義)에 근거한다. 하나님은 우리의 허물을 꾸짖지 아니하시는 분이다. 책망하는 하나님이 아니다. 심판의 하나님이 아니다. 좋으신 하나님이시다. 용서와 사랑과 자애(慈愛)야말로 하나님의 특성이시다. 기도에 앞서 하나님의 성품에 대한 바른 이해가 필요하다.

꾸짖지 아니하는 하나님께 구하라고 야고보는 말한다. 하나님은 인색한 분이 아니시다. "너희 중에 누가 아들이 떡을 달라 하면 돌을 주고, 생선을 달라 하면 뱀을 줄 사람이 있겠느냐. 너희가 악한 자라도, 좋은 것으로 자식에게 줄 줄 알거든, 하물며 하늘에 계신 너희 아버지께서 구하는 자에게 좋은 것으로 주시지 않겠느냐."(마7:9－11) 다만 주어서는 안 되겠기에 못 주시는 것이다. 구하는 것을 왜 받지 못하는가? 구하지 않기 때문이요, 구하는 마음과 구하는 자세가 바르지 않기 때문이다.

기도 내용을 들어 보면, 그 사람의 신앙 수준을 알 수 있다. 감사가 없는 기도, 달라고만 하는 기도, 자기 문제에만 매달리는 기도는 어린아이 단계의 신앙을 나타낸다. 인간은 본래 홀로 존재하는 것이 아니다. 더불어 존재하고, 이웃과의 관계 속에서 존재한다. 나와 이웃은 독립된 존재가 아니다. 상호 유기적 관계 속에서 하나의 생명

공동체로 존재한다. 우리는 이웃 속에서 나의 모습을 그리고 역(逆)으로 내 속에서 이웃의 모습을 발견할 수 있어야 한다. 나와 이웃이 하나의 생명 공동체라면, 기도는 내 문제에 국한되어서는 안 될 것이다. 자기 유익을 구하지 않고 남의 유익을 구하는 것이다(고전 10:24). 이웃과 사회와 국가와 세계의 문제 나아가 생태계의 문제도 우리의 기도 제목이 되어야 한다. 또한 하나님의 뜻이 무엇이며, 하나님의 마음을 먼저 생각하고, 하나님께서 기뻐하시는 것이 무엇인가를 헤아리며, 나를 향한 하나님의 계획이 무엇인지를 먼저 깨닫고, 그것을 이루기 위해서 기도해야 한다.

기도에는 명분이 뚜렷해야 한다. 자신을 위한 기도가 다른 사람의 이해관계와 상충(相衝)될 때, 하나님께서는 모든 사람이 만족할 만한 응답을 줄 수 없다. 따라서 나를 뺀 다른 사람과 뭇 생명을 위한 기도가 수준 높은 기도라고 말할 수 있다.

5절에서는 무엇보다도 '지혜'(sophia)를 구하라고 가르친다. '소피아'는 무엇인가? 유대인의 탈무드에 소피아에 관한 이야기가 많이 나온다. 갈릴리에 돈 많은 부자가 살고 있었다. 그의 하나 있는 외아들은 예루살렘에서 유학하고 있었다. 그런 차에 갑자기 죽을병에 걸려, 목숨이 경각에 달렸다. 아들을 불러 유언할 시간도 없었다. 아들에게 재산을 모두 준다고 유서를 써 놓았댔자, 종들이 그것을 없애버리면 그만이었다. 자칫하면 재산을 다 빼앗기게 될 형편이었다. 노인은 곰곰이 생각하다가, 많은 종 가운데 가장 건장한 종을 불러 그에게 전 재산을 주겠노라고 말한다. 노인은 간단한 편지 한 통을 써서, 아들에게 전해 달라고 하고는 숨을 거두었다. 재산을 물려받은 종은 기쁜 나머지 남긴 유서를 아들에게 가져다준다. 유서를 받아

본 아들은 남겨진 재산이라고는 종 한 사람뿐인 것을 안다. 많은 종 가운데 하나만을 선택할 수 있는 권리를 남겨 주었다. 그 아들은 유서를 들고 라삐에게 가서 묻는다. “그렇다면 아버지 재산을 물려받은 그를 자네 종으로 삼으면 될 것이 아닌가?”

지혜를 구하되, 믿음으로 구해야 한다. 무엇을 믿어야 하는가? 하나님의 능력을 믿고, 하나님의 놀라운 지혜를 믿어야 한다. 그의 사랑을 믿고 은혜 주심을 믿어야 한다. 하나님의 지혜 중 최고는 단연 ‘십자가의 지혜’(sophia tou staurou)이다. 십자가의 지혜만이 우리를 구원으로 인도하기 때문이다.

의심하면서 구하는 사람을 저자는 자연현상에 빗대어 설명한다. 마치 바람에 밀려 이리저리 흔들리는 파도나 바다물결과 같다는 것이다. 하나님을 전폭적으로 신뢰하지 못하고, 하나님 앞에서 갈등하며 사는 사람이다. 그는 영혼이 분열되어, 두 마음을 품은 사람이다. 하나님은 이런 사람에게는 지혜를 주시지 않는다.

그리스도교인이 기도 가운데서 특별히 구해야 할 것은 지혜이다. 시험과 환난을 피하게 해 달라고 기도할 것이 아니라, 그것들을 슬기롭게 극복해 나갈 수 있는 지혜를 달라고 기도해야 한다. 어려움에 봉착할 때, 인간의 지혜에 의지해야 할 것이 아니라, 하나님의 지혜를 구해야 한다. 하나님은 인간이 필요로 하는 지혜를 소유하고 계실 뿐만 아니라, 그것을 구하는 사람에게 주기를 기뻐하신다. 주시되 후하게 주신다.

지혜를 구하되, 첫째, 신뢰와 믿음을 가지고 구해야 한다. 오직 믿음으로 구하고, 전혀 의심치 말아야 한다. 믿음에는 전혀 의심이나 동요가 있어서는 안 된다. 둘째, 하나님께 지혜를 구하되, 집중적으로 꾸준히 구해야 한다. 중도에 좌절하거나 포기해서는 안 된다. 믿음을 가지고 꾸준히 구하면, 무의식 차원에 잠재되어 있는 신적 능력인 지혜가 형상화된다. 셋째, 하나님께서 주시는 지혜가 세상이 주는 지혜보다 더 소중하다는 사실을 알아야 한다. 그 지혜를 마치 보석처럼 갈고 닦아서 우리 생활에 활용해야 한다.

제4강 낮아짐과 높아짐

"비천한 신도는 자기의 처지가 높아짐을 자랑스럽게 여기십시오. (10) 부자는 자기의 처지가 낮아짐을 자랑스럽게 여기십시오. 부자는 풀의 꽃과 같이 사라질 것이기 때문입니다. (11) 해가 떠서 뜨거운 열을 품으면, 풀은 마르고, 꽃은 떨어져서, 그 아름다운 모습이 사라집니다. 이와 같이 부자도 자기 일에만 파묻혀 있는 동안에 시들어 버립니다."(1:9 – 11)

야고보서 저자는 그리스도교인의 신앙생활에 있어서 중요한 것이 무엇인지를 하나하나 설명한다. 처음에는 시험을 당했을 때 그것을 어떻게 이해하고 대처해야 할 것인가를 그리고 두 번째는 기도가 무엇이며 어떠한 방법으로 기도해야 할 것인가에 대해서 말하였다. 세 번째로 야고보는 그리스도교인이 지녀야 할 가치관(價値觀)에 대해서 말한다.

모든 인간은 자기 나름대로의 가치관을 가지고 살아간다. 어떤 가치관을 가지고 사느냐에 따라, 그 사람의 인생 방향이 달라지고 운명이 달라진다. 요즈음 우리는 세계화 시대, 무한 경쟁의 시대에 살고 있다. 모든 가치의 중심에 시장경제 원리, 곧 '경쟁 논리'가 서 있다. 경쟁사회에서는 승자(勝者)와 패자(敗者)만이 존재한다. 승자는 살아남고, 패자는 도태될 수밖에 없는 것이 경쟁사회의 특징이다. 경쟁을 최고 가치로 삼는 사회는 인간의 얼굴을 가진 사회라고 할 수 없다.

예수를 믿고 신앙생활을 한다는 것은 무엇을 뜻하는가? 일차적으로 '가치관의 변화'(value orientation)를 의미한다. '그리스도 안에서'(en Christo) 가치관이 변하는 것이 예수를 믿는 것이다. 예수를 믿으면 무엇이 가장 중요하고, 무엇을 우선적인 과제로 삼아야 할 것인가가 달라진다. 인생의 순위(順位)가 달라지고, 관점(觀點)이 달라진다. 목적이 다르고 중심이 달라진다. 소원도 다르고, 취미도 달라야 한다. "나는 평화를 너희에게 남겨준다. ……내가 주는 평화는 세상이 주는 평화와 같은 것이 아니다. 너희는 마음에 근심하지 말고, 두려워하지도 말아라."(요14:27) 그리스도께서 주시는 평화는 세상이 주는 평화와 질적으로 다르다. 예수를 믿은 후에도 그전과 마찬가지로 인생관에 변화가 없고, 동일한 가치관을 가지고 생활한다면, 그 사람은 진정한 그리스도교인이 되었다고 말할 수 없다.

그러면 그리스도 안에서 가치관이 어떻게 바뀌는가? 첫째, 세상중심(kosmos - centrism)에서 하나님 중심(theos - centrism)으로, 그리고 나 중심(ego - centrism)에서 그리스도 중심(Christo - centrism)으로 바뀐다. 하나님 중심의 가치관이란 무엇인가? 하나님은 창조주이시며, 인류역사를 이끌어 가시는 분이며, 인간의 생사화복(生死禍福)을 주관하시는 분이라는 사실을 알고, 내 운명과 내 삶 전체가 전적으로 하나님 소관(所關)이라는 믿음을 가지고 사는 것이다. 그리스도 중심의 삶이란 무엇인가? 내 안에 그리스도께서 사시는 것이다. 그것은 내(ego)가 죽는 것과 다르지 않다. 그리스도 중심으로 생각하고 말하며, 그리스도 중심으로 행동하고 사는 것이 그리스도 중심의 삶이다. 그리스도교인은 모름지기 하나님 중심, 그리스도 중심으로 삶의 방향을 바꾸어야 한다.

둘째, 육적(肉的)인 것에서 영적(靈的)인 것으로 바꾸어야 한다. 보이는 것이 세계의 전부가 아니다. 세계는 보이는 세계와 보이지 않는 세계로 구성되어 있다. 보이지 않는 세계가 보이는 세계보다 일차적이요, 보다 더 근원적이다. 제행무상(諸行無常)과 제법무아(諸法無我)의 세계가 다름 아닌 보이는 세계이다. 보이는 세계는 보이지 않는 세계에 근거한다. 그런데 인간은 보이는 세계가 전부인 것으로 착각하며 그것에 매달려 산다. 그럼으로써 영원한 세계를 잃고 산다.

인간은 '향(向)의 존재'이다. 지향성(志向性)은 인간의 존재양식이다. 인간의 마음도 마찬가지이다. 마음은 생명 에너지의 흐름인데, 그것은 언제나 무엇을 향한다. 지금 내 마음이 어디로 향하고 있는가? 외부(外部)의 세계로 향하고 있는가, 내면(內面)의 세계로 향하고 있는가? 육적인 세계로 향하고 있는가, 영적인 세계로 향하고 있는가? 보이는 세계로 향하고 있는가, 보이지 않는 세계로 향하고 있는가? 외부의 세계, 곧 육의 세계로 향하면, 마음은 분산된다. 생명 에너지는 소모되고 고갈된다. 그러나 마음이 내면의 세계, 곧 영의 세계로 향하면, 생명 에너지가 수렴(收斂)되고 축적된다. 생명력이 충만하게 된다. 잠언서 기자는 마음의 중요성을 다음과 같이 말한다. "무릇 지킬 만한 것보다 네 마음을 지키라. 생명의 근원이 이에서 남이라."(잠4:23) 그리스도교인은 마음 관리를 잘해야 한다. 정신적이고 영적인 세계에 더 높은 가치를 두어야 한다.

셋째, 가치 기준이 현재가 아니라 미래가 되어야 한다. 현재의 삶이 전부가 아니다. 그리스도교인에게는 가야 할 곳이 있다. 하나님 나라의 삶이 있다. 그리스도교인은 비록 현재에 살고 있지만, 미래에 발을 딛고 현재를 살아야 한다. 미래의 가치관을 가지고 현재를 사는 사람은 현재에 대하여 비판적일 수밖에 없다. 현재에서 밑지고, 고난을 겪고, 억울함을 당할 수밖에 없다.

넷째, 자기중심적 가치관에서 타자(他者) 중심적 가치관에로 전향(轉向)해야 한다. 자기 자신에게는 엄격하고 타인에게는 관용을 베풀 수 있어야 한다. 내게 이로운 것보다 다른 사람에게 이로운 것, 나아가 전체에 이로운 공동선(共同善)의 길을 찾아야 한다. 나와 타자는 별개(別個)로 존재하지 않는다. 상호 유기적 연관성 속에서 존재한다. 지구상의 모든 생명체는 공동 운명체로 존재할 뿐이다. 타자를 살리는 길이 곧 내가 사는 길이라는 사실을 깨닫고, 타자 중심으로 사랑과 섬김 위주로 가치관을 바꾸는 것이 중요하다.

그리스도교인은 가치관 자체가 거듭나야 한다. 세상을 보는 눈이 그리스도 안에서 바뀌지 않으면, 우리의 신앙생활은 제자리걸음을 할 수밖에 없다. 예수 믿는 사람은, 믿지 않는 사람과 무엇이든 달라야 한다.

본문에서 그리스도교인 가운데 가난한 형제는 그의 처지가 높아짐을 자랑하고, 부요한 형제는 자기 처지가 낮아짐을 자랑으로 여기라고 한다. 이 본문은 한 공동체 안에 경제적 빈부격차가 존재함을 암시하고 있다. 가난한 신도는 가난으로 인하여 수치심과 자격지심이 있었고, 부유한 형제는 부유함으로 인하여 교만하여지고 가난한 신도들을 무시하는 경향이 있었던 것 같다. 이로 인해 한 교회 안에 있는 신도들 사이에 위화감(違和感)이 조성되었을 것이다. 야고보는 가난한 신도들이나 부자 신도들이나 똑같이 '형제'(adelphos)라는 개념을 사용함으로써, 그리스도 안에서 맺어진 신도들의 운명 공동체성을 강조한다.

가난한 신도들이 자랑할 것이 무엇인가? 예수께서는 가난한 목수의 아들로 태어나셨고, 평생 동안 가난한 사람들의 친구로 사셨다. 주님은 가난한 사람들을 축복하셨다. 하나님 나라가 그들에게 속했다는 것이다(눅6:20). 예수는 하나님 나라의 상속자(相續者)로서 가난한 사람들을 택하셨던 것이다. 초대교회 공동체는 가난한 사람들을 중심으로 구성되었다.

가난한 사람들은 이미 신앙을 통해서 부요하게 되었고 존귀하게 되었으며 하나님의 자녀가 되었다. 하나님 나라의 상속자로서 택함을 받고, 동시에 하나님에 의해서 존귀하게 된 존재들이다. 그러니 자랑해야 한다는 것이다.

부유한 신도들은 그들의 낮아짐을 자랑해야 한다고 한다. 왜 그런가? 재물은 마치 풀의 꽃과 같이 지나가고 말기 때문이다. 야고보는 팔레스티나 지역의 자연현상을 예로 들어, 부의 무상(無常)함을 설명한다. 팔레스티나 남부 사막지역은 연 평균 강우량이 극히 적다. 따라서 아침에 소나기가 내려 식물이 싹이 돋는다 해도, 하루 종일 태양이 내리쬐면, 곧 시들어 버리고 만다. 사막에 불어닥치는 열풍은 섭씨 40도 정도 된다. 이러한 열풍에 견딜 만한 식물은 거의 없다. 야고보는 부유한 신도들의 부도 아침에 피어 저녁에 시들어 버리는 들풀처럼, 생명력이 지극히 짧다는 것을 경고한다. 부와 물질에 의지하여 삶의 보장을 찾으려는 부자 신도들에 대한 경고이다. 이사야는 인간의 실존 모습을 들풀에 비유하여 노래한다. "모든 육체는 풀이요, 그 아름다움은 들의 꽃과 같으니, 풀은 마르고 꽃이 시듦은 여호와의 기운이 그 위에 붊이라."(사40:6) 영원불변한 것은 하나님 말씀뿐이다.

바울은 세상적으로는 자랑할 것이 많은 사람이었다. 그러나 예수 그리스도를 만난 후 그것들을 배설물처럼 버렸다(빌3장). 이제 바울은 역설적으로 자기 약함을 자랑하고, 그리스도 안에 있음을 자랑하며, 그리스도를 자랑한다(고후11:30). 왜 그런가? 내가 약할 때 그리스도를 간절히 의지하게 되며, 그리스도의 능력이 내 안에 머물기 때문이다. 전에는 돈 많은 것을 자랑하고, 머리 좋은 것을 자랑하고, 성공한 것을 자랑하였다. 그러나 예수를 믿고 보니, 모두가 부끄러운 것이 되었다. 그리스도 안에서 세상적인 것은 자랑거리가 되지 않는다.

가난한 신도들은 신앙으로 그들이 부유하게 되고 높아진 것을 자랑해야 한다. 부유한 신도들은 그들이 신앙으로 낮아지고 겸손하게 됨을 자랑해야 한다. 복음과 신앙을 통해서 공동체 내의 빈부격차를 해소하고 평형(平衡)을 이루고, 균형과 조화를 이루는 것이 선교의 목적이 되고 있다. '그리스도 안'(en Christo)에서는 부자나 가난한 사람이나 별반 다른 것이 없다. 이것이 세상 사람과 다른 그리스도교인의 가치관이다.

그리스도교인의 신앙생활은 외적 상황에 좌우되어서는 안 된다. 가난하든, 부유하든, 어떠한 처지에 처하든, 하나님의 영광을 가리는 삶을 산다면 진정한 그리스도교인이라고 말할 수 없다. 어떤 상황에서든지 하나님께 영광을 돌리는 삶을 살도록 힘쓰는 것이 그리스도교인의 본연의 자세이다.

제5강 생명의 면류관

"시험을 견디어 내는 사람은 복이 있습니다. 그 사람은 그의 참됨이 입증되어서, 생명의 면류관을 받을 것이기 때문입니다. 그것은 하나님을 사랑하는 사람에게 약속된 것입니다."(1:12)

본문은 산상설교에 나오는 축복선언을 연상케 한다. "마음이 가난한 사람은 복이 있어라. 하늘나라가 그들의 것이다. 슬퍼하는 사람은 복이 있어라. 온유한 사람은 복이 있어라. ……의에 주리고 목마른 사람은…… 자비한 사람은…… 마음이 깨끗한 사람은…… 평화를 이루는 사람은…… 의를 위해서 박해를 받는 사람은 복이 있어라. 하늘나라가 그들의 것이다."(마5:3 - 10)

본 절은 구원의 부름말에 해당하는 축복문인 '마카리오스'(makarios)와 더불어 시작한다. 마카리오스로 시작하는 축복문은 원래 유대교 지혜문학 전통에서 유래한다. 유대교 지혜문학에는 두 가지 축복문이 등장하는데, '현재 상태'를 축복하는 것과 '미래 상태'를 축복하는 것이 있다.

"부유한 사람은 행복하여라." "아름다운 여인과 사는 사람은 행복하여라." "출세한 사람은 행복하여라." 이러한 현재 상태의 축복문은 축복의 조건이 현재 구비되어 있기 때문에, 더 이상 설명을 필요로 하지 않는다. 주문장 안에 축복에 관한 필요충분조건이 모두 들어 있다.

그런데 이와 반면에 미래 상태에 대한 축복문은 성격이 다르다. 여기에서는 축복의 이유가 분명하지 않기 때문에, 반드시 그 이유를 설명하는 부문장(副文章)이 따르기 마련이다. 예를 들면 "가난한 사람은 행복하여라!" 이 축복문장은 논리가 자명하지 않다. 일반적으로 가난한 사람은 불행하다고 생각하기 때문이다. 따라서 그 이유를 밝히는 부문장이 반드시 이어진다. "왜냐하면 하나님 나라가 너희에게 속해 있기 때문이다."(눅6:20) 이 문장에서 물론 가난 자체를 미화(美化)하거나 축복의 조건으로 제시하는 것은 아니다. 마지막 날에 하나님 나라가 그들에게 속해 있기 때문이다. 미래에 근거한 현재 상태의 축복이다.

본문도 이와 같은 경우에 해당한다. "시험을 견디어내는 사람은 행복하여라." 페이라스모스(peirasmos)는 특정한 경우가 아니라 성도가 일상생활에서 흔히 만날 수 있는 시험을 염두에 두고 있다. "왜냐하면 그는 생명의 면류관을 얻게 될 것이기 때문이다." '생명의 면류관'(to stephanos tes zoes)은 종말론적 개념이다. 지금이 아니라, 마지막 날에 이 스테파노스가 주어지는데, 그것은 시험들을 인내로 이겨 내는 사람들에게 주어진다.

본문은 우리가 일반적으로 생각하고 있는 축복(祝福)의 개념을 교정해 준다. 성서가 말하는 복이란 무엇인가? 복을 받는다고 말하면, 흔히 물질축복을 연상한다. 돈이 많으면 유복한 것이요, 돈이 없으면 복이 없는 것이다.

일반적으로 사람들의 불행은 어디에서 오는가? 재물을 복으로 생각하는 데서 온다. 재물은 손안에 움켜쥔 모래알과 같다. 움켜쥘수록 손에서 빠져나가기 마련이다. 재물은 영원한 것이 못 된다. 사실 우리가 소유하고 있는 가운데 값어치로 따지면 재물은 큰 비중을 차지하지 않는다. 독일 속담에 다음과 같은 것이 있다. "돈을 잃는 것은 조금 잃는 것이다. 건강을 잃는 것은 많은 것을 잃는 것이다. 그러나 명예를 잃는 것은 모든 것을 잃는 것을 의미한다." 명예를 중시하는 독일인들의 생각을 읽을 수 있다.

건강과 재물 중에 어느 것을 택할 것인가? 명예와 재물 중 어느 것을 택할 것인가? 재물과 슬하의 자녀 중에 어느 것을 택할 것인가? 그 무엇과 비교해 보아도 재물은 가치가 덜하다. 주님께서는 분명하게 말씀하셨다. "너희가 하나님과 재물을 겸하여 섬기지 못한다."(마6:24) 그런데 사람들은 재물의 유무에 따라 행복과 불행을 평가한다. 인생의 성공과 패배를 재물의 유무에 따라 판단한다.

시편 1편에서는 누가 복을 받은 사람이라고 말하는가? 악인의 꾀를 따르지 않는 삶이다. 죄인의 길에 들어서지 않는 사람이다. 오만한 자의 자리에 함께하지 않는 사람이다. 주의 법을 즐거워하고 밤낮을 묵상하는 사람이다. 주의 말씀을 따라 사는 사람이 복 받은 사람이다. 재물이 많은 사람은 복을 받은 사람 축에 들지도 않는다. 복에 대한 가치관을 바꾸는 것이다.

욥은 동방의 부자였다. 그런데 하루아침에 패가망신하고 병들어 죽게 되었다. 이러한 고난 가운데서 욥이 깨달은 진리가 있다. "하나님께 징계를 받는 사람은 행복하여라."(욥5:17) 바로 이것이다. 욥은 복에 대한 생각을 바꾸었다.

그리스도교인은 복에 대한 생각을 바꾸어야 한다. 세상 사람들이 추구하는 행복관에 사로잡혀 있다면, 진정한 그리스도교인이라고 말할 수 없다. 주님께서 산상설교에서 누가 복을 받은 사람이라고 말하는가? 마음이 가난한 사람이다. 핍박받는 사람이다. 온유한 사람이다. 애통하는 사람이다. 주시는 8가지 복을 종합해 보면, 진정한 행복은 하나님 중심의 생활에서 얻어짐을 알 수 있다. 하늘나라에 발을 딛고, 현재의 고난을 이겨 나가는 사람이 진정한 복된 사람이라고 말한다. 주님은 제자들에게 복의 개념을 근본적으로 바꾸어 가르치고 있다.

본문에서 야고보는 어떤 사람이 복이 있다고 말하고 있는가? 시험을 견디어 내는 사람은 복이 있다고 말한다. 복의 바로미터는 시험이다. 시험이 없는 것보다, 시험이 있는 것이 복이다. 살아 있는 사람에게 시험이 없을 수 없다. 내게 시험이 닥친다는 것은 내가 살아 있다는 증거가 아닐 수 없다. 이것은 체험한 사람만이 알 수 있는 역설적인(paradoxical) 진리이다.

본문에서는 시험을 견디어 내는 사람이 복이 있다고 말한다. '참다', '견디어 내다'로 번역된 '후포메네이'(hypomenei)는 직역하면 '아래 머물다'이다. '메네이'는 수동적인 의미보다는 능동적인 의미가 강하다. 따라서 이 동사는 '시험을 당한다'기보다는, 주체적으로 그리고 적극적인 자세로 내가 '시험에 임한다'는 뜻을 가진다.

시험을 견디어 내는 사람은 행복하다. 왜 그런가? 시험이 은혜 안에서 그리고 축복 안에서 될 것을 알기 때문이다. 첫째, 약속이 있기 때문이다. 우리가 당하는 시험 속에는 약속이 있다. 미래에 대한 약속이 있다. 미래에 대한 어떤 약속인가? '생명의 면류관'을 주시겠다는 약속이다. 기독교 상담의 목적은 한 가지이다. 상담자로 하여금, 그가 당면한 문제가 하나님께서 특별히 사랑하시기에 주시는 시련으로 받아들이게 하는 것이다. 사랑하시기에 주시는 시련이라는 사실을 믿을 때, 문제는 쉽게 풀린다. 이렇게만 믿으면 문제될 것이 없다.

문제는 시험을 죄에 대한 하나님의 심판으로 생각하는 데 있다. 시험을 당할 때는 어느 시점에서 그것을 바라보아야 하는가? '과거'(過去)의 시점에서 보아서는 안 된다. '미래'(未來)의 시점에서 바라보아야 한다. 원인론적(原因論的) 시각이 아니라, 목적론적(目的論的) 시각에서 바라보아야 한다. '~ 때문에'가 아니라, '~ 위하여'의 지평에서 바라보아야 한다. 부정적인 시각이 아니라, 긍정적인 시각에서 바라보아야 한다. 문제는 시험 자체가 아니다. 시험을 바라보는 나의 시각이 문제이다. 어떤 시각에서 바라보느냐에 따라 시험은 나에게 복(福)이 될 수도 있고, 화(禍)가 될 수도 있다. 마음[心]은 뜻[意]을 변화시키고, 뜻은 기(氣)를 변화시키고, 기는 혈(血)을 변화시키고, 혈은 몸[身體]을 변화시키고, 몸은 환경(環境)을 변화시킨다.

시험을 견디어 내는 자에게 주어지는 복은 무엇인가? '생명의 면류관'(stephanos tes zoes)이다. 시험을 인내로 견디어 내는(hypomone) 그리스도교인에게 주어지는 면류관은 영원한 생명을 제공하는 면류관이다. 면류관은 승리의 상징이요, 존경과 명예의 상징이기도 하다. 지혜는 사람들에게 영광의 면류관을 수여하며(잠4:9), 부모의 교훈은 자식들에게 은혜의 면류관이다(잠1:9). 그리스도교인이 생명의 면류관을 받는다는 것은 하나님 앞에서 옳다고 인정받는 것을 뜻한다. 그리스도교인이 받게 될 시험과 환난은, 우리가 앞으로 받게 될 면류관에 비하면 잠깐이다.

몸에 병이 없기를 기도해서는 안 된다. 몸에 병이 없으면, 자신감이 넘쳐 탐욕이 생기기 쉽다. 병고(病苦)로써 양약(良藥)을 삼는 것이 중요하다. 세상을 살아가면서 시험을 당하지 않기를 바라서도 안 된다. 시험이 없으면, 교만한 마음과 사치한 마음이 일어나기 쉽다. 시험 속에서 세상을 살아가는 것이 중요하다. 공부를 하는 데 있어서, 장애가 없기를 바라서는 안 된다. 장애 속에서 하나님의 뜻을 발견하도록 노력해야 한다. 일을 계획하되 쉽게 이루려고 해서는 안 된다. 일이 쉽게 풀리면 뜻이 경솔해지기 쉽다. 친구를 사귈 때에 자기 이익을 구해서는 안 된다. 순수한 마음으로 깊게 사귀어야 한다. 남이 내 뜻대로 순종해 주기를 바라서는 안 된다. 그러면 마음이 교만해지기 쉽다. 내 뜻과 맞지 않는 사람들과도 더불어 살아갈 줄 알아야 한다. 선을 베풀면 대가를 바라서는 안 된다. 대가를 바라면, 불순한 생각이 움트게 된다. 선을 베풀고 나서, 그것을 잊어버려야 한다.

제6강 시험과 욕심

"시험을 당할 때에, 내가 하나님께 시험을 당하고 있다 하고 말하지 마십시오. 하나님께서는 악에게 시험을 받지도 않으시고, 또 스스로 아무도 시험하지도 않으십니다. (14) 사람이 시험을 당하는 것은 각각 자기 욕심에 이끌려서, 꾐에 빠지기 쉽기 때문입니다. (15) 욕심이 잉태하면 죄를 낳고 죄가 자라면 죽음을 낳습니다."(1:13 - 15)

주의 동생 야고보는 오랜 목회생활을 통하여 많은 성도들이 겪는 많은 문제들을 목격하면서, 제일 중요하다고 생각되는 것들을 하나하나 신앙적으로 풀어 해석해 주고 있다. 그는 시험을 겪고 있는 성도들이 어떻게 그것을 극복할 수 있는가에 대해서 설명해 주고 있다. "시험을 당하거든 온전히 기쁘게 여기라." "시험을 견디는 사람은 복이 있다. 그 열매는 좋은 것이다." 시험이 가지는 긍정적이고 적극적인 측면에 대해서 말했다. 지금까지는 시험에 대해서 이긴 사람과 그 선한 결과에 대해서 말했다.

이에 반해서 본문은 시험을 당하여 넘어지는 사람을 대상으로 하고 있다. 시험에 대한 부정적이고, 어두운 측면에 대해서 말하고 있다. 시험에 대한 경고(警告)의 말씀이다. 야고보는 먼저 시험의 근원이 무엇인가를 밝힌다. 무엇 때문에 시험을 당하는가? 시험이 어느 길로 우리에게 다가오는가?

시험의 원인은 다른 데 있지 않다. 부모 탓도 조상 탓도 아니고, 이웃 탓도 아니다. 사회 탓도 아니고 세상 탓도 아니다. 주변 환경 탓도 아니다. 시험은 바로 나 자신에서 비롯된다. 내 마음으로부터 시험이 비롯된다. 시험의 원인을 나 밖에서 찾다가 보면, 결국 하나님 탓으로 돌리게 된다. 결코 시험이 나 밖에서 비롯된다고 착각해서는 안 된다. 내 마음 자세가 문제이다.

아담과 하와는 하나님께서 먹지 말라고 하신 과일을 따 먹고 하나님의 음성을 듣는다. "내가 너에게 먹지 말라고 당부한 그 나무 과일을 네가 먹었느냐?" 아담은 자기 잘못을 인정하지 않고, 책임을 하와에게 전가시킨다. "하나님께서 주셔서, 나와 함께한 여자가 그 나무 과일을 나에게 주므로 내가 먹었습니다."(창3:12) 아담은 자기 잘못에 대한 책임을 누구에게 전가시키고 있는가? '하나님이 나에게 주신 그 여자'이다. 결과적으로 여자를 주신 하나님을 원망하고, 그분에게 책임을 돌린다. 무릇 원망은 자꾸 거슬러 올라가게 된다.

일반적으로 죄를 짓고 나서 사람들은 다음과 같은 반응을 보인다. 첫째, 잘못의 원인을 내가 아니라, 다른 사람에게 돌리려고 한다. 둘째, 환경 탓으로 돌리는 경우가 있다. 그 상황에서는 어쩔 수밖에 없었다고 변명한다. 셋째, 자기 잘못을 정당화하려고 한다. 나만 그런 것인가? 다른 사람도 그렇게 한다. 내가 재수 없이 걸렸을 뿐이다.

넷째, 실수였다고 생각한다. 나는 본래 그런 사람이 아닌데, 정신이 깜빡하여 그만 실수를 했다는 것이다. 다섯째, 사탄에게 원인을 돌리려고 한다. 여섯째, 그것이 죄가 되는 줄 몰랐다고 변명하려고 한다.

그렇다면 그리스도교인으로서 시험과 유혹에 대하여 어떻게 대응해야 하는가? 어떤 마음가짐으로 유혹을 이겨 내야 하는가? 우선 자기 잘못을 인정할 줄 알아야 한다. 다윗의 위대한 점은 그가 자기 죄를 인정했다는 것이다. 다윗은 나단으로부터 책망을 들었을 때, 결코 밧세바에게 책임을 전가하지 않았다. "내가 하나님 앞에 죄를 지었습니다." "내가 죄인입니다." 다윗이 아담과 다른 점은 바로 자기 잘못을 인정한다는 점이다.

"새가 머리 위로 날아가는 것을 막을 수는 없다. 그러나 둥지를 트는 것은 막을 수 있다." 덴마크의 실존주의 철학자인 키르케고르의 말이다. 우리 머릿속에 언뜻언뜻 스쳐 지나가는 유혹은 어쩔 수 없다. 그것은 인간이 살아 있다는 증거이다. 그러나 그 유혹이 내 마음 속에 둥지를 틀지 않도록 해야 한다. 뿌리가 내리지 않도록 해야 한다.

"욕심이 잉태하면 죄를 낳고, 죄가 성장하면 사망을 낳는다." 우리는 이를 단호하게 이기되, 말씀과 신앙으로 이겨야 한다. 내가 말씀에 의지할 때, 성령의 능력으로 넉넉히 이길 수 있다.

시험과 유혹을 이기는 데는 기도가 필요하다. "시험에 들지 않도록 깨어서 기도하라."(막14:38) 주님께서 제자들에게 기도를 가르친다. "우리를 시험에 들지 말게 하여주옵소서." 기도할 때 하나님께서 우리에게 능력을 주신다. 그 능력으로 우리는 시험을 이길 수 있다. 내 힘으로, 이길 수 있다고 생각하는 것은 교만이 아닐 수 없다. 기도를 게을리 하거나 중단하면 시험을 이길 수 없다.

본문에서 야고보는 사람이 시험에 빠지는 것은 각기 자기 '욕심'(epithymia)에 이끌린 결과라고 말한다. '에피튜미아'야말로 시험에 빠져 죄를 짓게 되는 근원이다.

불트만(R.Bultmann)은 인간의 죄를 네 가지로 설명한다. '욕심(慾心)을 내는 것'(epithymia), '염려(念慮)하는 것'(merimnan), '자기를 자랑하는 것'(kauchasthai), '자기를 믿는 것'(pepoithenai)에 대한 믿음이 그것이다.

하나님의 계명은 무엇인가? '욕심을 내지 말라'는 것이다. 욕심이 일깨우는 것은 다른 것이 아니다. 죄이다(롬7:7). 그러면 욕(慾)은 어디에 자리 잡고 있는가? 인간의 '육'(sarks)이다. '육을 따르는 삶'(kata sarka)이 곧 '욕'(epthymia)의 삶이다. 인간이 자기 힘으로 살려고 할 때 육(肉)의 노예, 곧 욕(慾)의 노예가 된다. 그리하여 죄로 떨어지게 된다.

자기 힘으로 살려는 인간의 태도는 '염려함'(merimnan)에서도 나타난다. '세상일들을 위한 염려'(merinan ta tou kosmou)(고전7:32)는 창조 하나님이 아니라, 세상적인 것에 의지하여 생의 안전을 확보할 수 있다는 착각에서 유래한다.

자기 힘에 의지하여 살려고 하는 죄의 태도는 인간의 자기 '자랑'(kauchema)에서 가장 잘 나타난다. 인간이 의롭게 되는 것은 무엇인가? 오직 공로 없이, 오로지 신앙만으로 의롭게 된다. 바울은 질문한다. "네가 가진 것 가운데, 받지 않은 것이 무엇인가? 네가 받았다면, 무엇을 받지 않은 것처럼 자랑하는가?"(고전4:7) 하나님은 어떤 육체도 하나님 앞에서 자랑하지 못하게 하신다(고전1:19). 자랑하는 사람은 오로지 '주 안에서'(en kyrio) 자랑해야 한다(고전1:31). 바울은 딱 한 번 자랑했다. 무엇을 자랑했는가? 그의 '약함'(astheneia)을 자랑했다. 그리스도교인이 자랑할 것이 있다면, 그것은 그의 '연약함'뿐이다. 그리스도뿐이다. "그러나 내게는 우리 주 예수 그리스도의 십자가 외에는 결코 자랑할 것이 없으니, 그리스도를 인해 세상에 나에 대하여 십자가에 못 박히고, 나 또한 세상에 대하여 그러하다."(갈6:14: 참조 롬5:11)

마지막으로 '육에 대한 신뢰'(pepoithenai en sarki)가 죄의 근원이다. 그것은 곧 인간이 자기 힘을 믿는 것을 뜻한다. 그리스도교인은 자기 힘을 신뢰하는 것이 아니라, 오로지 '하나님을 신뢰'(pepoithenai epi to theo)해야 한다. "이는 우리가 우리 자신을 신뢰하지 말고, 오로지 죽은 자들을 살리는 하나님만을 신뢰하게 함이라."(고후1:9)

이상과 같이 불트만은 하나님에 대한 신뢰를 저버리고, 자기를 신뢰하는 삶, 그리스도를 자랑하는 것이 아니라, 자기를 자랑하는 삶, 자기 힘에 의지하여 모든 일을 해결하려는 가운데서 생기는 염려의 삶, 그리고 욕망을 추구하는 삶을 일컬어 '죄의 삶'이라고 보았다. 이것들은 예외 없이 인간의 '육에 따르는'(kata sarka) 삶에 속한다.

헬라어 '에피튜미아'(epithymia)는 욕망을 뜻한다. 욕망 그 자체가 나쁜 것은 아니다. 그것을 적절하게 조절하지 못하고, 지나칠 때 문제가 생긴다. 인간은 먹어야 산다. 그러나 탐식(貪食)은 병의 원인이 된다.

노자의 도덕경 9장에 "지니고서도 더 채우는 것은 채우지 않는 것만 못하고(持而盈之, 不如其已)", "두드려서 날카롭게 하면, 오래 보존할 수 없고(揣而銳之, 不可長保)", "금과 옥이 집에 가득하면, 그것을 지킬 수가 없고(金玉滿堂, 莫之能守)", "공을 이루면, 몸이 물러나는 것이 하늘의 도이다(功成身退, 天之道).”

대부분 사람들의 욕심은 끝이 없다. 그래서 가질수록 더 채우려고 한다. 노자는 그것을 경계한다. 이미 충분히 가지고 있는데 더 채우려고 하는 것은 하늘의 도에 맞지 않으므로 위험하다. 그러므로 분수를 알고, 욕망을 적절히 조절하는 것이 지혜롭다고 가르친다. 욕망의 노예가 될 때, 그것이 잉태하여 죄를 낳고, 죄가 성장하여 사망을 낳게 된다. 모름지기 그리스도교인은 과도한 욕심을 경계할 일이다.

제7강 하나님 바로 알기

"나의 사랑하는 신도 여러분, 속지 마십시오. (17) 온갖 좋은 선물과 모든 완전한 은사는 위로부터 내려오는 것인데, 곧 빛들을 지으신 아버지께로부터 내려오는 것입니다. 아버지께는 변하는 것이나, 움직이는 그림자가 없습니다. (18) 아버지께서는 뜻을 정하여, 진리의 말씀으로 우리를 낳아주셔서, 우리를 피조물의 첫 열매가 되게 하셨습니다."(1:16 － 18)

우리는 지금까지 그리스도교인이 신앙생활을 하면서, 만나게 되는 시험, 기도, 가치관, 그리고 시험이 갖는 종말론적 의미에 대해서 배웠다. 지난 시간에 우리는 그리스도교인이 당하는 시험을 미래적 지평에서 볼 때, 우리가 당하는 시험의 결과가 결국 축복으로 연결된다는 점에 대해서 배웠다. 다만 욕심의 노예가 될 경우에, 우리가 당하는 시험은 죄로 연결되고, 죄가 잉태하여 사망을 낳게 된다고 경고한다.

중요한 것은 시험을 이기는 힘이 어디에서 오느냐 하는 것이다. 그 힘은 어디에서 오는가? 야고보는 위로부터, 곧 하나님에게로부터

온다고 말한다. 시험을 이기는 힘은 하나님의 선물로 위로부터 주어
진다. 그러면 그런 선물을 우리에게 주시는 하나님은 어떤 분인가?
하나님에 대한 바른 인식[神認識]이 중요하다.

야고보는 하나님을 어떻게 인식하고 있는가? 하나님은 만물의 창
조주이시다(1:11). 인간은 하나님의 형상에 따라 지어졌고, 인간 안
에는 하나님의 영이 머문다(3:9). 하나님은 인간을 시험하지 않으시
고(1:11). 정의를 사랑하시며 불의를 미워하신다(5:4 - 6). 하나님은
가난한 사람들에게 각별히 관심을 기울이시고 그들을 선택하여 하나
님 나라를 수여하신다(2:3 - 5). 하나님은 시험을 이겨 내는 사람에게
생명의 면류관을 주신다. 하나님은 인간의 모든 삶을 주관하시며
(4:13 - 15), 자애롭고 관대하며 죄를 용서하신다.

야고보는 우선 속지 말라고 한다. 무엇에 대하여 속지 말라는 것
인가? 하나님을 아는 지식에 대해서 속지 말라는 것이다. 일반적으
로 사람들은 하나님을 엄격한 분으로, 질투하시는 분으로, 우리에게
채찍을 드시는 분, 가난과 질병을 주시는 분으로 생각한다. 따라서
우리가 어떤 어려운 일을 당하면, 그것을 하나님의 징벌로 생각하기
쉽다.

우리가 어려운 일을 당할 때 경계하지 않으면 안 된다. 언제나 사
탄이 그 틈새를 노린다. 사탄은 우리가 시험을 당하는 것은 "네 죄
에 대한 하나님의 징벌이다."라고 속삭인다. 우리의 신앙양심을 건드
리며, 자책(自責)에 빠져들게 한다. 그래서 우리가 당하는 시험이,
지은 죄에 대한 하나님의 징벌로 생각하게 만든다. 마귀는 우리가
하나님을 두려워하게 만든다. 벌이나 주고, 매질이나 하시는 하나님
으로 믿게 만든다. 하나님을 원망하고 저주하게 만든다.

복음이란 무엇인가? 선하신 하나님, 좋으신 하나님, 용서의 하나님, 평화의 하나님, 정의의 하나님, 사랑의 하나님을 전파하는 것이다. 이러한 복음은 시험을 당하는 사람에게 위로를 준다. 어려움을 당하는 사람에게 힘을 준다. 절망에 빠진 사람에게 희망을 준다. 고난을 당하는 사람에게 용기를 준다. 글자 그대로 소외된 사람에게 꿈과 생명을 준다.

하나님은 어떤 분이신가? 본문에서 야고보는 세 가지로 설명한다. 첫째, 하나님은 '주시는 분'(Giving God)이라는 것이다. 하나님은 나에게 필요한 것을 다 아시고 계신다. 경제적 가난이든, 몸의 질병이든, 사업의 실패든, 이 모든 것들은 나에게 있어야 하겠기에, 하나님께서 주시는 것이다. 질병에서 생명에 이르기까지, 경제적 가난에서 물질축복에 이르기까지, 실패에서 성공에 이르기까지, 하나님은 우리에게 필요하기에 주시는 것이다. 우리가 역경을 당한다고 해서, 하나님을 원망하고 불평할 일이 아니다. 우리는 모든 것을, 아니, 삶 자체를 감사한 마음으로 하나님께로부터 받아야 한다.

교만한 사람은 누구인가? 남에게 베푼 것만 생각한다. 남으로부터 받은 것은 없다고 생각한다. 모든 것이 자기 노력의 결과로 획득한 것이요, 그렇기 때문에 당연한 것으로 생각한다. 이러한 사람의 삶에서는 감사가 있을 수 없다. 기쁨이 있을 수 없다. 모든 것이 당연한 것일 뿐이다.

겸손한 사람은 어떤가? 모든 것을 다른 사람으로부터 받았다고 생각한다. 남에게 베푼 것은 기억하지 않는다. 삶 자체를 선물로 생각한다. 따라서 받아서 사는 사람은 삶이 기쁘지 않을 수 없다. 감사한 마음이 우러나오지 않을 수 없다.

그리스도교인은 누구인가? 자기 힘으로 사는 사람들이 아니다. 모든 것을 창조주 하나님으로부터 거저 받아 사는 사람들이 그리스도 교인이다. 내 의식주도, 내 삶도, 내 생명도 하나님으로부터 거저 받았다. 하나님은 우리에게 모든 것을 거저 주시기를 원하신다. "자기 아들까지 아끼지 않고, 우리 모든 사람을 위하여 내어주신 이가, 어찌 그 아들과 함께 모든 것을 우리에게 은사로 주시지 않겠느냐?"(롬8:32) 당신의 외아들과 함께, 하나님께서는 우리에게 모든 것을 선물로 주셨다. 아니, 지상의 생명뿐만 아니라, 영원한 생명까지 거저 주셨다. 사도 바울은 로마교회 신도들에게 말한다. "하나님의 은사는 그리스도 예수, 우리 주 안에 있는 영생이라."(롬6:23)

하나님은 우리 모두에게 선물을 주시되, 각양각색의 은사를 주신다. 다양한 은사를 주신다. 하나님의 은사는 각기 다르다. 모든 사람에게 똑같은 것만 주시지 않는다. 그런데 우리는 흔히 남과 비교하여 똑같은 것을 받지 못했을 때, 불평을 말하게 된다. 불만을 품게 되면, 내가 받은 은사가 고맙게 여겨지지 않는다. 하나님께서 주시는 은사는 가지각색이다. 이 사람에게는 이런 모양으로, 저 사람에게는 저런 모양으로 주신다. 은혜의 다양성을 바울은 다음과 같이 가르친다. "우리에게 주신 은혜대로 받은 은사가 각각 다르니, 혹 예언이면 믿음의 분수대로, 혹 섬기는 일이면 섬기는 일로, 혹 가르치는 자면 가르치는 일로, 혹 권면하는 자는 권면하는 일로, 구제하는 자는 성실함으로, 다스리는 자는 부지런함으로, 긍휼을 베푸는 자는 즐거움으로 할지니라."(롬12:6－8)

하나님께서 창조하신 자연세계 질서의 특성은 다양성(多樣性)에서 발견된다. 획일성(劃一性)이 아니다. '다양성 속의 조화'야말로 창조

세계의 아름다움이다. 다양한 것들이 서로 어우러져 하나 됨을 이루는 것이 하나님께서 추구하시는 아름다움이다. 인간 세계도 마찬가지이다. 우리 가운데 똑같은 얼굴을 가진 사람은 없다. 얼굴 모양도 다르고, 생각도 다르고, 행동도 각기 다르다.

하나님께서 우리에게 주시는 은사도 마찬가지이다. 각기 다르다. 그러므로 남의 은사를 부러워하지 말고, 내게 주신 은사를 소중히 여길 줄 알아야 한다. 내가 은사를 받지 못한 것이 아니다. 단지 남과 다른 은사를 받았을 뿐이다. 저 사람에게 있는 것은 나에게 없고, 나에게 있는 것은 다른 사람에게 없다. 하나님께서 나에게 주신 은사가 무엇인가를 찾아내어, 그것을 계발하는 것이 중요하다. 이를 통해서 하나님께 영광을 돌리는 삶을 살아야 한다. 나에게 주신 은사를 소홀히 하고, 남의 은사만 쳐다보고 산다면 원망이 생긴다. 불평이 생긴다.

다음으로 야고보는 하나님께서 주시는 모든 '은사의 선(善)하심'(dosis agathe)에 대하여 말한다. 아무리 악한 아버지라도 아들이 밥을 달라고 하는데, 돌을 주는 사람은 없다. 하물며 하늘에 계신 아버지는 더욱 그렇지 아니하겠는가! 바울도 로마교회 신도들에게 하나님의 선하심에 대해서 말한다. "하나님을 사랑하는 사람들, 곧 하나님의 뜻대로 부르심을 받은 사람에게는, 모든 일이 협력하여 선을 이룬다."(롬8:28) '모든 일이 협력하다'로 번역된 '판타 순에르게이'(panta synergei)는 모든 일이 서로 작용(作用)한다는 뜻이다. 우리에게 닥치는 환난과 풍파도, 고난과 시련도, 결국에 가서는 서로 작용하여 하나님의 선하신 뜻을 이루게 된다는 것이다. 이러한 확고부동한 믿음을 가질 때, 우리는 모든 시험을 당할 때, 당황하지 않고, 이에 대하여 의연하게 대처해 나갈 수 있다.

마지막으로 야고보는 하나님께서 주시는 '온전한 은사'(dorema teleion)에 대해서 말한다. 온전한 은사이다. 내게 주신 은사를 바로 알고, 바로 깨달아, 바르게 행하는 것이 온전함이다. 온전하게 행하면 부러워할 것이 없다. 상대적으로 부러운 게 없는 사람이 온전한 사람이다. 이는 아직 세상 것에 대하여 부러운 것이 많다면, 아직 온전한 은사의 소중한 가치를 모르는데서 기인한다. 하나님께서 주시는 은사는 온전하며, 절대적인 것이다.

야고보는 우리가 하나님에 대한 인식을 전환(轉換)하도록 해 준다. 하나님은 우리를 시험하거나 곤경에 빠트리지 않으신다. 하나님의 속성(屬性)은 '빛'(phos)이다. '선함'(agathos)이요, '온전함'(teleios)이다. 어둠과 악, 상대적인 것과 불완전함은 하나님과 반대되는 인간의 속성들일 뿐이다. 하나님은 영원토록 변함이 없으신 분이다.

이와 같이, 하나님에 대한 바른 지식으로 무장할 때, 우리는 시험을 이겨 낼 수 있다.

제8강 온유한 마음

"나의 사랑하는 신도 여러분, 여러분은 이것을 알아두십시오. 누구든지 듣기는 빨리 하고, 말하기는 더디 하고, 노하기도 더디 하십시오. (20) 노하는 삶은 하나님의 의를 이루지 못하기 때문입니다. (21) 그러므로 더러움과 넘치는 악을 모두 버리고, 온유한 마음으로 여러분 속에 심어 주신 말씀을 받아들여야 합니다. 그 말씀에는, 여러분의 영혼을 구원할 능력이 있습니다."(1:19 – 21)

야고보서는 우리에게 구체적인 가르침을 준다. 본문은 그리스도교인의 윤리적 행실에 관해서 권면하고 있다. 특히 말과 관련하여 그리스도교인이 꼭 알아 두지 않으면 안 되는 세 가지는 무엇인가? 첫째, '듣기는 속히 하고'(tachus eis to akousai), 둘째, '말하기는 더디 하며'(bradus eis to lalesai), 셋째, '성내기는 더디 하라'(bradus eis to orgen)는 것이다.

야고보는 교인들의 신앙생활에 대한 교훈으로 제일 먼저 '말'(lale)에 관해서 말한다. 말은 사람을 죽이기도 하고, 살리기도 한다. 교회 문제의 대부분은 말로 인해서 발생한다. 성도의 교제란 무엇인가?

교제란 인격과 인격의 만남이다. 서로 얼굴을 대하는 것이요, 말을 주고받는 것이다.

　야고보는 듣기는 속히 하고, 말하기를 더디 하라고 한다. 사람은 귀가 둘이고 입이 하나이다. 많이 듣고, 적게 말을 해야 하기 때문이다(Zenon). 탈무드에는 "지혜의 울타리는 침묵이다."라는 구절이 있다. 지혜로운 사람은 말을 삼간다는 뜻이다. "말을 많이 하면 허물을 면키 어려우나, 그 입술을 제어하는 자는 지혜가 있느니라."(잠언 13:3) "미련한 자라도 잠잠하면 지혜로운 자로 여김을 받고, 그 입술을 닫으면 슬기로운 자로 여김을 받으리라." 누구든지 말을 많이 하다 보면 실수하기 마련이다

　말과 관련하여 네 가지 유형의 사람이 있다. 빨리 듣고, 빨리 잊어버리는 사람이 있다. 이런 사람은 실수를 많이 한다. 더디 듣고, 더디 잊어버리는 사람이 있다. 이런 사람은 지혜가 없다. 빨리 듣고, 천천히 잊어버리는 사람이 있다. 이런 사람은 지혜가 있다. 더디 듣고, 빨리 잊어버리는 사람이 있다. 이런 사람은 악하다. 듣기는 속히 하며 말하기는 더디 하라. 많이 듣고 빨리 듣되, 그래서 정보는 많이 얻되, 말하는 것은 새겨서 천천히 하라는 것이다. 귀에서 입으로 직행(直行)해서는 안 된다는 것이다. 귀로 들어온 것은 배 속 창자까지 깊숙이 들어가 되새김질을 한 다음에 천천히 입으로 나와야 한다.

　불교에서는 인간에게 고통의 원인이 되는 세 가지 독심(毒心)에 관해서 말한다. 탐심(貪心), 진심(瞋心), 치심(癡心)이 그것이다. 남의 떡이 커 보인다는 옛 속담이 있듯이, 탐심은 상대방에 대해 과대 평가하는 데서 생긴다. 자족(自足)하는 마음, 상대방을 배려하는 마음, 이웃에 대하여 베푸는 삶이야말로 탐심을 극복할 수 있는 지름

길이다. 진심은 무엇인가? 성내는 마음이다. 사람이 한번 성을 내고, 분노를 발하면, 간(肝)이 뻣뻣해진다. 성을 잘 내는 사람은 반드시 간장(肝腸)에 문제가 있다. 일반적으로 사람은 상대방을 나보다 못하다고 생각할 때, 상대방을 과소평가할 때 성을 내게 된다. 상대방에 대하여 내 몸처럼 사랑하는 마음, 연민(憐憫)의 정(情)을 가질 때, 성내는 마음을 극복할 수 있을 것이다. 치심은 무엇인가? 어리석은 마음이다. 어리석음은 상대방에 대한 잘못된 판단에서 비롯된다. 사물에 대한 올바른 판단력을 기름으로써, 그리고 수행과 명상을 통하여 지혜를 터득함으로써 우리는 어리석은 마음을 극복할 수 있다. 이러한 탐진치(貪瞋癡), 탐욕과 성냄과 어리석음의 3독심을 극복할 때, 인간이 고(苦)에서 해탈하게 된다는 것이 불교의 가르침이다.

본문에서 야고보 감독은 성내기를 더디 하라고 한다. 왜 그런가? 성냄은 하나님의 의(dikaiosyne tou theou)를 이루지 못하기 때문이라는 것이다. 하나님의 의(義)는 어떻게 성취되는가? 이웃과의 올바른 관계를 형성할 때 가능해진다. 분노는 자기 컨트롤을 못 할 때 나오게 된다. 순간적인 감정을 억제하지 못하고, 성을 낸다면, 상대방의 마음에 상처를 주게 되고, 그로 인해 나와 이웃과의 관계가 파괴된다.

성내는 것을 심리학적으로 살펴보면 몇 가지 원인이 있다. 첫째, 남의 말을 다 듣지 않고, 조급한 데서 성내게 된다. 끝까지 듣고, 상대방의 입장을 이해하면 성낼 일이 하나도 없다. 어느 초등학교 교실에서의 일이다. 담임선생이 교단 위에서 보니, 한 아이의 얼굴이 벌겋게 달아올랐다. 감기에 걸렸는가 싶어 가까이 가 보니, 술 냄새가 나는 것이 아닌가? 순간적으로 담임선생은 속으로 생각하였다.

'이 녀석이 아버지가 술 받아 오랬더니, 심부름 도중 슬쩍 한 모금 마셨나 보구나.' 이렇게 생각을 하고 무조건 아이를 책망한다. "이놈아 어쩌자고 아침부터 술을 마시고 학교에 오느냐?" 아이가 훌쩍거리며 울면서 말한다. "선생님, 그런 것이 아닙니다." 그러나 선생은 아랑곳하지 않는다. "아니긴 무엇이 아니야, 나는 안 보아도 다 아느니라." 그러자 그 아이가 집안 사정을 털어놓는다. "선생님, 저희 집은 너무 가난하여 밥을 지어 먹지 못하고, 양조장에서 술찌끼를 얻어다 죽을 쑤어 먹습니다. 그래서 술 냄새가 나는 것입니다."

끝까지 사정을 들으면 이해하지 못할 것이 없다. 비판부터 하려 들기 때문에 문제가 된다. 충분한 이해가 없었기 때문에, 성을 내는 것이다. 내 일이라고 생각해 보면, 성을 낼 일이 없다. 우리는 때때로 하나님의 심판대 위에 서려고 한다. 하나님의 의를 대변하려 든다. 그래서 화를 내는 것이다. 잘못된 생각이다.

성을 내고, 후회하는 경우가 많다. 성을 내기 전에, 결과에 대해서 한 번 생각해야 한다. 결과를 생각하지 않아서 성을 낸다. 성을 내서 좋은 일이 있는가? 한 가지도 없다. 결과를 먼저 생각한다면, 절대로 성을 내지 않을 것이다.

논리가 부족할 때, 성부터 내고 본다. 대화를 할 때는 이치에 맞도록 차근차근 설명해 들어가서, 마침내 상대방의 감정을 사로잡아야 한다. 격앙된 감정이 섞인 말에는 논리가 나올 수 없다. 호소력이 있을 수 없다.

그리스도교인은 이와 관련하여 유의해야 할 사항이 있다. 누구나 인간은 불완전하다는 점을 알아야 한다. 내 생각, 내 판단이 절대적으로 옳다고 생각해서는 안 된다. 내 생각이 하나님의 뜻에 전적으로 부합된다고 생각해서는 안 된다. 인간의 생각은 모두 상대적이요, 불완전하기 때문이다. 상대방을 판단하기 전에 내 자신의 불완전함을 먼저 생각해야 한다.

그리스도교인의 기본적인 삶의 자세는 어떠해야 하는가? 그리스도의 삶의 모습에서 배워야 한다. 그리스도는 본래 하나님과 같은 신분을 지니셨으나, 자기를 비워 인간이 되시고, 종의 모습으로 자기를 낮추신 분이다. 자기를 낮추시되, 십자가에 달려 죽기까지 하신 분이 다름 아닌 예수 그리스도이다. 인간이 되신 하나님의 아들, 예수 그리스도의 삶은 한마디로 온유(溫柔)와 겸손(謙遜)으로 특징지을 수 있다. 성을 내면, 사랑이 분노로 바뀐다. 큰 소리가 나올 때는, 사랑은 온데간데 없어지고, 단지 증오와 분노만 남게 된다.

21절에서 결론지어 말한다. "그러므로 더러움과 넘치는 악을 모두 버리고, 온유한 마음으로 여러분 속에 심어주신 말씀을 받아들여야 합니다."라고 한다. '버리고'로 번역된 '아포테메노이'(apothemenoi)는 걸치고 있던 외투를 벗어 버리는 동작을 나타낸다. 해묵은 것, 오염된 것, 습관화된 것, 고질화된 것, 타성화(惰性化)된 것, 나를 얽매고 있는 모든 나쁜 습성(習性)을, 마치 봄이 되어 겨울에 입고 있던 외투를 벗어 던지듯이, 벗어 버리라는 것이다.

그리고 나서 '온유한 마음으로'(en prauteti) 우리 속에 '심어주신 말씀'(emphyton logon)을 받아들이라는 것이다. '엠퓨톤'은 나무나 씨앗을 땅에 심는 식물학적인 표현이다. 복음의 말씀이 우리 마음밭에 심긴다는 것이다.

예수는 씨 뿌리는 비유를 들어 하나님 나라에 대해서 자주 설명하였다. 농부가 씨를 뿌리는데, 더러는 길가에, 더러는 자갈밭에, 더러는 가시덤불에, 더러는 옥토에 떨어졌다. 길가에 떨어진 씨는 새가 쪼아 먹고, 자갈밭에 떨어진 씨는 습기가 없어 말라 죽고, 가시덤불에 떨어진 씨는 가시가 기운을 막아 자라지 못하였다. 옥토에 떨어진 씨는 30배, 60배, 100배의 결실을 맺었다. 모름지기 우리 마음이 옥토가 되어야 한다. 그래야 우리 마음 밭에 심긴 말씀이라는 씨앗이 많은 결실을 맺게 될 것이다.

우리 마음 밭에 심긴 복음의 말씀을 온유한 마음자세로 받아들여야 한다. 온유한 마음으로 받아들일 때, 그 말씀이 싹이 나고, 잎이 돋고, 꽃이 피고, 열매를 맺어, 드디어 30배, 60배, 100배의 결실을 맺게 된다. 복음의 말씀은 우리의 영혼을 구원하는 능력이 된다.

말하는 것을 더디 하라. 듣는 것을 빨리 하라. 말씀을 온유한 마음자세로 받아들여라. 그리하면 이제 말하는 것, 듣는 것, 행동하는 것이 합력(合力)하여 선을 이루게 될 것이다.

제9강 들음과 행함

　　"여러분은 말씀을 실천하는 사람이 되고, 그저 듣기만 하여 스스로를 속이는 사람이 되지 마십시오. (23) 말씀을 듣고도, 실천하지 않는 사람은, 있는 그대로의 자기 얼굴을 거울 속으로 들여다보기만 하는 사람과 같습니다. (24) 이런 사람은 자기 모습을 보고 떠나가서, 그것이 어떠했는지를 곧 잊어버리는 사람입니다. (25) 그러나 완전한 율법, 곧 자유를 주는 율법을 잘 살피고, 또 그 안에서 사는 사람은, 율법을 듣고 나서, 잊어버리는 사람이 아니라, 그것을 실천하는 사람입니다. 이런 사람은 실천함으로 복을 받을 것입니다."(1:22－25)

　　'말씀'(logos)을 믿음으로 받아들인다는 것이 무엇을 뜻하는가? 본문에서 야고보는 이 주제를 신앙생활과 결부된 윤리적 실천의 덕목으로 말한다. 복음 말씀을 들을 때, 이를 대하는 세 가지 태도가 있다. 말씀을 귀로 듣는 것으로 그치는 성도가 있고, 말씀을 마음으로 받아들이는 성도가 있고, 그 말씀을 생활 속에서 실천으로 옮기는 성도가 있다.

　　하나님의 계명에 대한 실천의 강조는 구약에서 나타난다. "모세가 여호와의 모든 말씀과 모든 율례를 백성에게 고하매, 그들이 한 소리로 응답하여 가로되, 여호와의 명하신 모든 말씀을 우리가 준행하리이다.”(출24:3) 바울도 로마서에서 율법의 실천을 강조한다. “하나님 앞에서는 율법을 듣는 자가 의인이 아니요, 오직 율법을 행하는 자라야 의롭다 하심을 얻을 것이다.”(롬2:13)

주께서도 율법의 행함에 대한 중요성을 말한다. “누구든지 이 계명 중에 지극히 작은 것 하나라도 버리고, 또 그같이 사람을 가르치는 자는, 천국에서 지극히 작다 일컬음을 받을 것이요, 누구든지 이를 행하여 가르치는 자는 천국에서 크다 일컬음을 받을 것이다.”(마5:19) 예수는 산상설교를 마치신 다음, 청중에게 말씀한다. “누구든지 내 말을 듣고 행치 않는 자는 그 집을 모래 위에 짓는 어리석은 사람과 같다. 비가 내리고 창수가 나고 바람이 불어 그 집에 부딪히매 그 무너짐이 심하니라.”(마7:26 – 27)

야고보는 말씀을 듣기만 하고, 실천이 없는 사람을 거울을 들어 설명한다. 믿음은 들음에서 난다(롬10:7). 그러나 귀로만 들어서는 안 된다. 혼신(渾身)을 다하여 들어야 한다. 몸으로 들어야 한다. 말씀과 내가 한 몸이 되어야 한다. 그래야 능력이 나타난다. 말씀을 듣는 자세에는 여러 가지가 있다. 설교를 어떻게 하는지 어디 한번 들어 보자. 이런 자세로는 은혜가 안 된다. 목사의 설교는 하나님 말씀으로 순수하게 들어야 한다. 들어 보는 정도로는 구원의 역사가 나타날 수 없다.

듣는 것 자체를 즐기는 사람이 있다. 열심히 부흥회만 쫓아다니는 사람이 있다. 그런데 갔다 와서 하는 말이 있다. 참 은혜를 많이 받았다. 시간 가는 줄 몰랐다. 재미있었다. 다른 것이 아니라 이것이 그들에게는 은혜였던 것이다. 그들은 듣기는 많이 들었지만, 들은 그때뿐이요, 생명의 열매를 맺지 못한다.

성경을 읽는 것도 마찬가지다. 수십 번 또는 수백 번 성경을 읽는 것 자체가 공로가 될 수 없다. 주일날 교회에 열심히 나와 말씀을 듣고, 성경을 많이 읽는 것으로는 우등생인데, 실상 가정생활이나 사회생활에서 낙제생들이 많이 있다. 이것은 문제가 아닐 수 없다. '말씀을 듣는다'에서 '듣는다'는 헬라어 '아코에'(akoe)의 번역인데, '아코에'에는 본래 '순종하다'는 의미가 들어 있다. 따라서 말씀을 듣는다는 것은 단지 귀로 듣는다는 의미가 아니라 말씀을 듣고 그 말씀에 순종하는 삶을 산다는 의미까지 포함된다. 말씀을 듣고 읽는 것만으로는 부족하다. 거기에 순종과 행함이 따라야 한다.

부모의 말을 잘 듣는다는 것은 앉아서 귀로 듣는다는 뜻이 아니다. 부모의 뜻에 순종한다는 의미이다. 듣는 것과 행하는 것을 일치시켜 생각하는 것은 동양적 사고방식이다. 야고보는 22절에서 분명한 어조로 말한다. "듣기만 하여 자신을 속이는 자가 되지 마시오." 듣기만 하는 삶은 자신을 속이는 위선자라는 말이다. 듣기만 하고, 행하지 않으니, 어느새 체질화되어 버린 것이다. 안다고 생각했는데, 실상은 아는 바가 없는 상태, 할 수 있다고 생각했는데, 실상 문제에 부딪히니 아무것도 할 수 없는 상태, 심지어 거듭났다고 생각했는데, 시험을 당하고 보니, 거듭난 것이 아닌 상태, 다른 것이 아니다. 이런 상태가 스스로 속은 상태이다.

말씀을 아무리 많이 듣고 읽어도, 행함이 없으면 그 참뜻을 깨달을 수 없게 된다. 실천해야 비로소 알 수 있다. "이웃을 사랑하라"는 말씀을 들었으면, 당장 나가서 이웃을 사랑해 보라. 그래야 이웃 사랑의 참뜻을 알 수 있다. 실천하고 행동으로 옮겨야 은혜가 따른다. 말씀에 대한 순종 없이는 말씀의 참뜻을 알 수 없다.

야고보는 이어서 "말씀을 듣고 행함이 없는 사람은 마치 자기 얼굴을 거울에 잠시 동안 비춰 보았다가, 곧 돌아서서 그것을 잊어버리는 사람과 같다."고 한다. 옛날 거울은 오늘날의 거울처럼 밝지도 않았고, 분명하게 보이지도 않았다. 돌이나 구리를 반들반들하게 갈아 비춰 보는 것이 고작이었다. 거울을 잘 닦아 보아야 얼굴이 희미하게나마 보인다. 그래서 바울도 "거울에 보는 것처럼 희미하다"고 말한다(고전13:12). 거울이 하는 일은 무엇인가?

거울은 우리에게 진실을 말해 준다. 성경이 바로 거울과 같은 역할을 한다. 성경을 읽으면, 내 모습이 적나라하게 드러난다. 내가 죄인이라는 사실을 깨닫게 된다. 하나님께서 나를 얼마나 사랑하고 계신지도 알게 된다. 나의 실존, 나의 사명, 나의 가치를 성경이 모두 비춰 준다. 본문에서는 곧 잊어버렸다고 한다. 우리는 거울을 보듯이 성경을 읽고 말씀을 들으면서 생각한다. 이것을 고쳐야 되겠다. 저것을 버려야 되겠다. 결심도 하고 다짐도 한다. 그러나 교회 밖으로 나오면 곧 깨끗이 잊어버린다. 거울을 보고 나서, 돌아서서 자기 얼굴을 잊어버리는 사람과 다를 바 없다. 말씀을 듣고 행하는 가운데 진정한 깨달음을 얻게 된다. 행하는 가운데 깨달은 진리만이 내 삶을 지배할 수 있다. 그래야 말씀이 인도하는 대로 가게 된다.

신앙이란 일상생활 속에서 하나님과 올바른 관계를 맺는 것을 뜻한다. 교회에서만이 아니다. 예배드릴 때만이 아니다. 기도할 때만이 아니다. 성경을 읽을 때만이 아니다. 가정생활에서, 직장생활에서, 사회생활에서 하나님과 올바른 관계를 맺으며 살아가는 것이 진정한 신앙생활이다. 주일날만 신앙생활을 하는 '선데이 크리스천'(sunday christian) 이 되어서는 안 된다. '에브리데이 크리스천'(everyday christian)이 되어야 한다. 매일 매일의 삶 자체를 하나님께 예배드리는 심정과 자세로 살아야 한다. 그런 의미에서 바울은 말한다. "여러분은 여러분의 몸을 하나님께서 기뻐하실 거룩한 산 제물로 드리십시오. 이것이 여러분이 드릴 합당한 예배입니다."(롬12:1)

25절에서 야고보는 '자유를 주는 온전한 율법'(nomos teleios tes eleutherias)에 관해서 말한다. 자유를 주는 온전한 율법을 행한다는 것은 무엇을 뜻하는가? 그것은 가난한 사람들을 돌보며(비교, 2:7), 고아와 과부를 환난 중에 돌보고 또 자기를 지켜 세속에 물들지 않게 하는 것이다(27절). '네 이웃을 네 몸같이 사랑하라'(2:8)는 주님의 지상명령에서 자유를 주는 온전한 율법은 완성된다. 야고보의 편지에서 구약의 율법과 신약의 복음은 상호 모순되는 것이 아니라, 이웃 사랑에서 하나로 통전(統全)된다.

바울은 복음을 율법과 죄로부터의 해방이라는 시각에서 이해한다. 율법은 인간에게 죄와 죽음을 일깨워 주는 역할을 한다. 따라서 바울에게는 십자가 사건이 복음의 핵심을 이룬다. 복음은 곧 십자가의 복음이며, 그는 십자가 외에 그 어느 것도 알지 않기로 결심하였다고 선언한다. 바울은 복음을 구원론(Soteriologie)의 입장에서 이해한다.

그러면 야고보는 구원을 어느 시각에서 이해하는가? 예수 그리스도는 일차적으로 율법의 완성자이다. 그리스도 안에서 구약의 율법은 온전하게 되고, 우리에게 자유를 선사한다. 구약의 율법이 인간을 얽매이게 만든다면, 신약의 율법은 인간에게 자유를 선사한다. 십계명을 한마디로 요약하면, 하나님 사랑과 이웃 사랑이다.

바울은 예수 그리스도께서 십자가 위에서 고난을 당하시고, 부활하신 사건을 복음의 핵심으로 증언한다. 그러나 야고보는 역사적 예수의 윤리적 삶, 특히 전적으로 타자를 위한 예수의 삶을 복음의 핵심으로 증언한다. 십자가와 '타자(他者)를 위한 삶'은 그리스도교 복음과 신앙생활에 있어서 두 기둥에 해당한다. 십자가를 바라보면서 우리는 구원받은 사실을 확인하고, '타자(他者)를 위한 삶'을 실천함으로써 우리는 삶 속에서 예수 그리스도의 뒤를 따르게 된다.

그러면 야고보는 본문에서 자유(엘류쎄리아)를 어떤 의미로 사용하고 있는가? 바울이 엘류쎄리아를 십자가 사건에 근거한 하나님의 선물로 이해한다면, 야고보는 자기 이기주의로부터의 해방, 곧 이웃 사랑의 실천적 의미로 엘류쎄리아를 사용하고 있음을 알 수 있다.

제10강 율법과 경건

"누가 스스로 경건하다고 생각하면서도, 혀를 제어하지 않고 자기
마음을 속이면, 이 사람의 경건은 헛된 것입니다. (27) 하나님 아버지
께서 보시기에 깨끗하고 흠이 없는 경건은, 어려움을 겪고 있는 고아
들과 과부들을 돌보아 주고, 자기를 지켜 세속에 물들지 않게 하는 것
입니다."(1:26－27)

25절에서 '자유케 하는 온전한 율법'에 관해서 배웠다. 율법은 본
래 인간을 속박하기 위해서 제정된 것이 아니다. 오히려 인간을 자
유롭게 하는 데 그 목적이 있다. "살인하지 말라"고 하신 율법은 우
리 생명을 보호하기 위한 하나님의 배려로 주신 것이다. "간음하지
말라"는 율법은 우리의 순결을 보호하기 위한 하나님의 배려로 주신
것이다. "도둑질하지 말라"는 율법은 우리의 사유재산을 지키기 위
해서 주신 것이다. "거짓증거 하지 말라"는 율법은 우리의 인격을
보호하시기 위한 하나님의 사랑이다.

율법은 우리를 육신의 욕망(慾望)으로부터 해방시키기 위해서 주

신 하나님의 사랑임을 알 수 있다. 하나님이 히브리인들에게 율법을 주신 것은 바로 광야에서이다. 애굽에서 주신 것이 아니다. 젖과 꿀이 흐르는 땅으로 가는 길목에서 주신 것이다. 십계명은 구원의 조건으로 주신 것이 아니다. 이미 애굽에서 건짐을 받은 하나님의 해방공동체에게 주어진 것이 율법이다. 따라서 율법은 생명의 법이요 해방의 법이다.

너희는 구원을 받았다. 그러니 살인하지 말라는 것이다. 간음하지 말라는 것이다. 율법은 구원의 조건이 아니다. 구원받았기 때문에, 자유로운 가운데서 지키는 것이 율법이다. 이미 얻은 구원과 해방과 자유, 그것을 지키기 위해서 주어진 것이 율법이다. 곧 그리스도교인의 율법은 구원과 해방과 자유를 지키는 율법이다. 법을 잘 지킬 때, 우리는 자유롭다. 법이 우리를 보호해 주기 때문이다. 그러나 우리가 법을 어길 때, 법이 우리를 속박한다.

그러면 그리스도교인은 율법을 어떻게 지켜야 하는가? 야고보 감독은 한마디로 '경건(treskeia)해야 된다'고 말한다. '경건'(敬虔)으로 번역된 헬라어 '트레스케이아'는 본래 하나님을 모시는 삶, 곧 하나님을 공경(恭敬)하는 삶을 뜻한다. 자기 삶 전체를 하나님과 연결시켜 살아가는 것이 경건(敬虔)이다.

이스라엘 백성은 그들의 삶 전체를 하나님께서 불꽃같은 눈으로 보고 계신다고 생각하였다. 그들의 외형적인 행동뿐만 아니라, 특히 그들의 마음과 생각을 하나님은 감찰(監察)하신다고 생각하였다. 하나님께서 내 삶 전반을 인도하신다는 각성(覺醒)과 자의식(自意識)을 가지고 사는 삶이 경건이다.

그런데 후대에 오면서 이스라엘 백성은, 경건생활은 종교의식, 율법준수, 자선행위 또는 신비체험 등 주로 외형적이고 형식주의적인 것에 치우쳐 이해하게 되었다. 그리스도교인들 가운데도 진실한 경건생활을 외면하고 형식에 치우쳐 거짓된 경건생활을 하는 사람들이 있었다.

26절에서 야고보는 말한다. "누구든지 스스로 경건하다 생각하며, 혀를 재갈 먹이지 아니하고 자기 마음을 속이면, 이 사람의 경건은 헛것이라." 혀를 제어하지 못하고, 말을 함부로 하는 사람은 곧 자기를 기만(欺瞞)하는 사람이다. 스스로 경건한 체하지만, 실상은 헛된 (mataios) 경건에 사로잡힌 사람이다. 여기에서 혀를 제어하지 못한 거짓 신앙인은 누구인가? 신앙이 있는 체하면서, 교회 내에서 분쟁을 일삼는 자들, 그리고 스스로 배우기를 거부하는 자들이다. 교회 내에서 신앙 논쟁을 벌이는 사람들은 겉으로 보기에는 신앙에 열성이 있는 것처럼 보이나, 실상은 분쟁을 일삼는 자들이요, 자기기만에 빠져 있는 사람이다.

26절에서 헛된 경건에 대해서 말하고 있다면, 27절에서 야고보는 진정한 경건이 무엇인가에 대해서 말한다. 그것은 하나님 앞에서 순수하고 흠이 없는 경건이다. 첫째로 혀를 제어하는 것이다. 말조심하는 것이야말로, 경건생활의 첫째 요건이라는 것이다. 우리가 하는 말을 하나님께서는 다 듣고 계시기 때문이다. 원망과 불평을 늘어놓는 이스라엘 백성에게 하나님께서 경고하신다. "너희 말이 내 귀에 들리는 대로, 내가 너희에게 행하리니……"(민14:28) 말대로 된다. 혀와 마음은 밀접한 관계에 있다. 마음에 가득한 것이 입으로 나오기 마련이다. 따라서 말은 그 사람의 인격(人格)을 나타낸다.

경건생활 조건 중의 하나인 큐티(QT)는 영어 quiet time의 첫 글

자를 따서 지은 이름이다. 큐티는 경건과 명상의 시간, 침묵과 묵상의 시간이다. 예수께서도 새벽마다 외딴곳으로 가셔서 기도를 하곤 하셨는데, 큐티는 이러한 예수의 명상생활에서 유래한다(막1:35; 눅5:16). 큐티는 성서를 읽고, 그 내용을 깊이 생각하는 시간 이상이다. 성서를 읽고 명상하는 시간을 통하여 우리는 하나님과 인격적으로 만난다.

그리스도인으로서 QT를 해야 하는 이유는 하나님과 개인적인 교제를 위해서, 하나님의 인도와 보호를 받기 위해서, 하나님의 성품, 인격, 생활을 닮기 위해서(비교, 고후3:18) 하나님의 사역을 감당하기 위해서(비교, 눅5:15-16)이다. 규칙적이고 지속적인 큐티 시간은 신앙의 견고함과 성숙함을 가져다준다. 그리스도교인은 너무 말이 많다. 말은 필요할 때는 꼭 해야 한다. 그런데 너무 지나치면 하지 않은 것만 못한 것이 말이다. 경건생활은 일차적으로 혀를 조심하고, 침묵과 내적인 명상을 통하여 하나님과 만나는 삶을 내용으로 한다. 경건은 다른 것이 아니다. 나와 하나님 사이에 올바른 관계를 유지하는 것이다.

명상생활을 통하여 내가 하나님과 인격적으로 만나는 것을 진정한 경건의 첫째 요건으로 삼고 있다면, 야고보는 고아와 과부를 환난 중에 돌보는 것을 두 번째 요건으로 제시한다. 이사야 예언자는 예루살렘 성전예배를 주관하는 제사장들에게 하나님의 말씀을 전한다. "나 야훼는 수양의 번제와 살진 짐승의 기름에 배불렀고, 수송아지나 어린양의 피를 기뻐하지 않는다. ……헛된 제물을 다시는 나에게 가져오지 말라…… 너희는 악행을 그치고, 공의를 구하며, 학대받는 자를 도와주고, 고아를 위해서 신원하며 과부를 변호하라."(사1:11 - 17)

야고보가 말하는 진정한 경건 배후에는 예언자들의 사회정의(社會正義) 사상이 깔려 있다. 주변의 소외된 사람들을 돌봄을 통해서 우리는 이웃과 인격적으로 만난다. 보잘것없고, 힘이 없고, 연약한 사람도 우리와 똑같이 하나님의 형상대로 지음을 받았고, 우리와 똑같이 하나님의 아들딸이라는 사실을 아는 것이다. "네 이웃을 네 몸처럼 사랑하라"는 예수의 말씀을 실천하는 삶, 내 몸 사랑하듯이, 이웃을 사랑하는 삶, 모든 구조악(構造惡)을 타파하고, 사회적 차별이 지양(止揚)된 평등사회를 건설하는 것이 다름 아닌 경건생활인 것이다. 진정한 경건생활은 스스로 교만하지 않고, 나보다 남을 낮게 여기는 삶 속에서 이루어진다. 고아와 과부는 사회에서 소외된 사람들의 총칭이다. 가난한 사람들에 대해서 연대적 책임의식을 가지고 돕는 행위, 곧 나와 이웃과 올바른 관계를 이루는 것이 진정한 경건의 요건이다.

셋째로, 자기를 지켜 세속(kosmoa)으로부터 물들지 않는 것이 경건이라고 한다. '코스모스'는 그리스도교인이 '거리를 두고'(terein) 살아야 할 그 무엇이다. 그것이 '오염되지 않은'(aspilon) 경건이다. 철저한 '자기관리'(自己管理)를 하는 것이 경건의 요건이라는 것이다.

바울은 자기 몸 관리에 철저한 사람이었다. "나는 내 몸을 쳐서 굴복시킵니다(hypopiazo mou to soma kai doulagogo). 그것은, 내가 남에게 복음을 전하고 나서, 도리어 나 스스로가 버림을 받지 않도록 하려는 것입니다."(고전9:27) '후포피아조'는 얼굴을 후려치는 것을 뜻한다. '둘라고고'는 '노예를 길들이다'는 뜻이다. 내가 내 몸을 후려쳐서 마치 노예를 길들이듯이 길들인다는 것이다. 노예를 길들인다는 것은 쉬운 일이 아니다. 내가 나를 길들인다는 것이 얼마나 어려운가를 알 수 있다. 특히 인간의 몸은 습(習)에 익숙하기 마련이다. 인간의 질병은 대부분 잘못된 습(習)에서 기인한다. 잘못된 습을 고치고, 생활환경을 바꾸어 주면 고칠 수 있는 성인병들이 많다. 그것을 알면서도, 습을 뜯어고친다는 것은 여간 어려운 일이 아니다. 몸이 하자는 대로 놓아두면, 결국 몸을 망치게 된다. 주체적인 내가 객체적인 나와 올바른 관계를 유지하는 것이 경건이다. 철저한 자기 관리와 자기 수련을 통해서 몸과 맘을 갈고닦음으로써, 비록 세상에 살고 있으나, 세속적 가치에 물들지 않는 것이 진정한 경건이다.

참된 경건은 명상과 기도 속에서 하나님과 올바른 관계를 맺고, 불우한 사람들과 연대(連帶)하는 삶을 통해서 이웃과 올바른 관계를 맺고, 철저한 자기관리를 함으로써 자기 자신과 올바른 관계를 맺는 생활에서 완성된다.

제11강 차별대우

"나의 형제자매 여러분, 여러분은 영광의 우리 주 예수 그리스도를 믿고 있으니, 사람을 차별하여 대하지 마십시오. (2) 이를테면, 여러분의 회당에 화려한 옷을 입은 사람이 금가락지를 끼고 들어오고, 또 남루한 옷을 입은 가난한 사람이 들어온다고 합시다. (3) 여러분이 화려한 옷차림을 한 사람에게는 특별한 호의를 보이면서 '여기 좋은 자리에 앉으십시오' 하고, 가난한 사람에게는 '당신은 거기에 서 있든지, 나의 발치에 앉든지 하시오' 하고 말하면, (4) 바로 여러분은, 서로 서로를 차별하고, 나쁜 생각으로 남을 판단하는 사람이 된 것이 아니고 무엇이겠습니까?"(2:1-4)

2장에 접어들면서 야고보는 새로운 주제(主題)를 설정한다. 그것은 교회 공동체 내부에서 빈부 격차에 따라 사람을 차별(差別) 대우하는 문제이다. 야고보는 일차적으로 교회 안에서 부유한 사람들을 우대하고, 가난한 사람들을 차별 대우하는 것에 대하여 경고한다.

1절에서 야고보는 사람을 '외모로 취하지 말라'고 한다. '외모'로 번역된 '프로소포렘시아이'(prosopolempsiai)는 원래 '얼굴로 취하다'

라는 뜻을 지니고 있는데, 얼굴의 생김새로 사람을 '차별 대우'하거나 '불공평'하게 대하는 것을 의미한다. 그리스도교인은 영광의 우리 주 예수 그리스도를 믿고 있으니, 사람을 차별 대우하지 말라는 것이 본문의 요지(要旨)이다.

우리가 예수를 믿는 것은 나와 하나님과의 관계를 바로 세우는 데 목적이 있다. 나와 하나님과의 관계가 바로 되어야 나와 이웃과의 관계도 바르게 된다. 신앙에 있어서 수직적(垂直的)인 관계가 바로 되어야, 수평적(水平的)인 관계도 바르게 된다. 일차적으로 나와 하나님의 관계가 바로 되어야 한다. 그래야 나와 이웃과의 관계가 바르게 된다.

야고보는 영광의 주 예수 그리스도를 믿는 '믿음'(pistis)을 근거(根據)로 하여, 사람을 외모(外貌)로 취하지 말 것을 권면한다. 믿음은 내게 속해 있는 것이 아니다. 믿음은 내 의지(意志)가 아니요, 내 지식(知識)도 아니요, 내 공로(功勞)나 노력의 대가도 아니다. 내가 믿는 것이 아니다. 나에게 믿어지는 것이다. 하나님께서 믿을 마음을 허락해 주시지 않으면, 어느 누구도 예수 그리스도를 주로 시인(是認)하고 고백할 수 없다. 예수를 믿는 믿음은 하나님께서 거저 주신 선물이요 은사(恩賜)이다. 그런 의미에서 믿음은 은혜요 선물의 성격을 지닌다.

야고보는 교회 공동체에서 사람을 차별 대우하는 것을 예수 그리스도에 대한 신앙과 정면으로 대립(對立)되는 행위라고 생각하였다. 야고보가 생존했던 그 시대는 가부장적 노예제 사회였다. 주인과 종 사이의 사회적 계층 차별이 심각하였다. 노예는 인격적인 대우를 받지 못하였다. 마치 물건처럼 주인의 의지에 따라 매매(賣買)할 수 있었다. 남자와 여자 사이의 성차별 또한 극심하였다. 여자는 단순히 아이를 생산하고 노동력을 위한 기계에 불과했다. 사회적 신분 차별도 극심했는데, 순수한 이스라엘 혈통을 가지고 태어난 사람과 그렇지 못한 사람들 사이에는 같은 유대인이라 해도, 사회적 신분에 있어서 엄격하게 구분되었다.

이와 같이 차별이 구조화된 사회 속에서 예수는 차별을 폐지하는 삶을 살았다. 사회에서 손가락질을 당하는 세리나 죄인들과 서슴없이 먹고 마셨다. 병자들과 귀신 들린 자들을 찾아가 그들을 고쳐 주시고, 귀신을 내쫓았다. 예수는 기득권자들이 금기시(禁忌視)하는 사회의 소외된 사람들과 더불어 동고동락하는 삶을 살았다.

예수는 가진 사람과 가난한 사람, 유대인과 이방인, 지위가 높은 사람과 낮은 사람, 신분의 고하와 남녀노소를 막론하고, 도대체 사람을 차별하지 않았다. 사람을 평등하게 대하였다. 초대교회 역시 예수의 뒤를 따라 사회적 차별의 장벽들을 헐고 평등을 주장하였다. 바울은 갈라디아 교회 성도들에게 말한다. "누구든지 그리스도와 합하여 세례를 받으면, 그리스도로 옷을 입은 사람입니다. 유대인이나, 헬라인이나, 종이나, 자유인이나, 남자나, 여자의 구별 없이, 그리스도 예수 안에서는 모두 하나입니다."(갈3:27 - 28) 공동체 안에서는 인종적 차별, 사회 계층적 차별, 남녀 성차별이 폐지되고, 그리스도 예수 안에서 하나가 된다는 것이다.

기독교가 로마제국의 국교로 되는 과정에서 숨은 공로자가 둘 있었다. 여성 신도들이 그 하나이다. 당시 가부장적 사회 구조 속에서 여성은 인간 취급을 받지 못했다. 여성은 자녀를 생산하는 기구에 불과했고, 노예와 같이 노동을 하며 천대를 받았다. 여성들은 남녀 성차별을 거부하는 교회에서 하나님의 자녀로 인정을 받고, 비로소 인간적인 대우를 받을 수 있었다. 기독교 여성들은 로마인이든 헬라인이든 비기독교인과 결혼을 해도 열심히 신앙생활을 하고, 자식을 낳아도 그리스도교인으로 키웠다. 바로 이 여성들이 로마제국을 기독교 국가로 만드는 데 결정적인 역할을 하였다. 노예들 또한 로마제국을 기독교 국가로 만드는 데 있어서 숨은 공로자들이다. 로마제국은 노예제 사회였는데, 로마 사회는 주로 노예들에 의해서 지탱되었다. 바울 당시 로마 시민의 3분의 1 이상이 노예였는데, 노예의 수가 기하급수적으로 증가하자 곳곳에서 노예폭동이 일어나 주인에게 반항하고 심지어 죽이기까지 하는 사태가 벌어졌다. 이러한 상황에서 진실한 기독교신앙을 가진 노예들은 주인을 정성껏 섬기며, 주인의 평안을 위하여 기도하였다. 이에 감동을 받은 주인들은 신앙심이 깊은 노예들을 해방시켰고, 그 해방노예들이 로마제국을 기독교화하는 데 중요한 역할을 하였다.

한국 교회사를 보아도 이와 흡사하다. 기독교가 조선에 들어올 때 한국 사회는 철저한 가부장적인 봉건제 사회였다. 양반과 상놈의 사회적 차별이 엄격하였고, 여성들 역시 유교의 엄격한 남녀 차별 관습에 의해서 차별을 받았다. 기독교는 처음에는 여성과 상놈 계층을 중심으로 퍼져 나갔다. 봉건제 사회에서 인간 대우를 받지 못하고 눌려 지내는 천민들, 남성 사회에서 차별 대우를 받는 여성들이 교회로 몰려들었다. 사회에서 소외된 사람들이 한국 교회를 부흥시킨 원동력이 되었다.

왜 교회 공동체에서 사람을 차별 대우해서는 안 되는가? 2~3절에서 야고보는 구체적인 예를 열거(列擧)한다. '회당'으로 번역된

‘시나고그’(synagoge)는 본래 유대교인들이 모이는 장소를 뜻한다. 그런데 본문에서는 그리스도교 성도들이 모이는 예배장소인 교회를 지칭하고 있다. 예배당에 한 부자가 들어왔다. 손에는 금가락지를 끼고, 화려한 옷을 입은 사람이었다. 그런데 그 사람 뒤에 한 가난한 사람이 남루한 옷을 입고 들어왔다. 교인들의 시선은 부자에게 쏠리고, 가난한 사람에게는 관심을 기울이지 않는다. 교인들이 부자를 향해서 말한다. “당신은 여기 좋은 자리에 앉으시오.” 다른 한편으로 가난한 사람에게 말한다. “당신은 그곳에 서 있든지, 아니면 내 발아래 앉으시오.”

미국에 있는 어느 큰 교회에서 성탄절 축하예배가 있었다. 사람들이 저마다 화려한 옷을 차려입고 예배당으로 들어갔다. 옷을 남루하게 입은 어느 한 가난한 흑인이 교회에 들어가려고 하였다. 그러자 어느 신도가 그를 예배당 앞에서 가로막고 들어가지 못하게 하였다. 그 흑인은 할 수 없이 교회당 밖의 계단 한 귀퉁이에 쭈그리고 앉아 울고 있었다. 그런데 옆에 보니 또 한 사람이 울고 있는 것이 아닌가? 그 흑인은 물었다. “당신은 누구요?” “나는 예수요.” “예? ……예수님께서는 왜 여기에서 울고 계시는 것입니까?” “나도 저 사람들이 가로막아서 못 들어갔소.” 외모로 사람을 취하다 보니, 예수를 내쫓고 예배를 드리는 것이다.

우리는 재물(財物)과 선의(善義)를 동격시(同格視)할 때, 사람을 외모로 취하게 된다. 돈이 많으면 축복받은 사람이요, 가난하면 저주받은 사람이라는 종교적 편견(偏見)에 사로잡힐 때, 사람을 차별하게 된다. 부자나 돈 많은 사람은 교회 일을 많이 할 수 있고, 돈이 없고 가난한 사람은 교회 일을 할 수 없다고 착각할 때 사람을 차별하게 된다.

　사람을 대할 때 외모로 취해서는 안 된다. 겉모양이 아니라, 내면적 기준으로 취해야 한다. 물질이 아니라 인격(人格)으로 취해야 한다. 상대방의 육적(肉的)인 조건이 아니라 영적(靈的)인 상태가 어떤가를 살펴야 한다.

　야고보는 말한다. "부자와 가난한 사람을 차별 대우했다면, 그렇다면 여러분은 스스로를 구별 짓고, 심판하는 행위가 아니고 무엇인가?" 그리스도교인은 남녀노소, 신분귀천을 막론하고 어느 누구나 하나님 앞에서 죄인(罪人)이요, 동시에 의인(義人)이다. 나를 바라볼 때 죄인이요, 십자가를 바라볼 때 의인이다. 모름지기 그리스도교인은 그리스도 안에서 한 형제자매라는 의식을 가지고 이웃을 내 몸처럼 사랑하는 인간관계를 맺어 가야 할 것이다.

제12강 하나님 나라의 상속자

"나의 사랑하는 형제자매 여러분, 들으십시오. 하나님께서는 세상의 가난한 사람들을 택하셔서, 믿음이 좋은 사람이 되게 하시고, 하나님의 사랑하는 이들에게 약속하신 그 나라의 상속자가 되게 하지 않으셨습니까? (6) 그런데 여러분은 가난한 사람을 업신여겼습니다. 여러분을 압박하는 사람은 부자들이 아닙니까? 또 여러분을 법정으로 끌고 가는 사람도, 바로 그들이 아닙니까? (7) 하나님께서 여러분에게 주신 그 존귀한 이름을 모독하는 사람도, 바로 그들이 아닙니까?"(2:5 - 7)

지난 시간에는 그리스도교인의 인간관계에 대해서 살펴보았다. 나와 하나님과 올바른 관계가 설정되어야, 나와 이웃과의 관계도 바르게 설정된다. 수직적인 관계가 바로 되어야 수평적인 관계도 바로 될 수 있다. 그리스도교인이 인간관계를 가질 때 주의할 점을 야고보는 어떻게 말하고 있는가? 첫째, 사람을 외모로 취하지 말라고 한다. 둘째, 사람을 차별하여 대우하지 말라고 한다. 셋째, 사람을 악한 생각으로 판단하지 말라고 한다. 우리는 판사가 죄인을 다루듯이 상대방을 판단하거나 심판해서는 안 된다. 판단은 하나님께서 하신다. 내가 남을 판단해서는 안 된다.

상대방의 행동을 본 적도 없으면서, 단지 뜬소문에만 의지하여 상대방을 판단하는 사람이 있다. 어떤 사람은 상대방이 무엇을 생각하고 있는지 지레짐작하여 이리저리 생각했을 것이라고 판단하여 심판하기도 한다. 비록 내가 눈으로 보았다 하더라도 확실치 않은 것들이 많다. 손쉽게 그리고 함부로 남을 판단할 일이 아니다. 그것은 악에서 비롯된 판단일 수 있다. 그래서 야고보는 "악으로 판단하지 말라"고 한다.

우리가 손쉽게 범할 수 있는 오류에 대해서, 본문은 보다 구체적인 예를 들어 설명한다. 우리가 사람을 판단할 때, 그 사람의 인격이나 사람됨은 쉽게 판단할 수 없다. 그것들은 오랜 기간 동안 겪어 보고 나서야 비로소 알 수 있다. 보다 쉽게 알 수 있는 것은 그 사람의 물질적인 여건이다. 가난한 사람이냐 부유한 사람이냐? 이것은 쉽게 드러난다. 세상에서는 그렇기 때문에 물질적 조건이 사람을 판단하는 첫째 요건으로 된다.

그리스도교인은 모름지기 물질에 대해서 올바른 가치관을 가지고 신앙생활을 해야 한다. 한 돈 많은 젊은 율법학자가 예수에게 찾아와 물었다. "내가 어떻게 해야 구원을 얻을 수 있습니까? 어떻게 해야 영생을 얻을 수 있습니까?" "율법을 지켜라." "그것은 어렸을 때부터 다 지켰습니다." 관리는 실로 건방진 소리를 한다. 돈이 있기 때문에 그런 것이다. 가난한 사람은 감히 그런 소리를 못 한다. 물질이 부하다 보니 마음도 부해서 그런 소리를 한다. 예수께서 응수한다. "그러면 좋다. 너에게 오히려 부족한 것이 하나 있다. 네가 소유한 모든 재물을 다 팔아서 가난한 사람에게 나누어 주고, 그리고 와서 나를 따르라." 그 말을 듣자, 젊은 율법학자는 근심하며 집으로 돌아갔다. 그는 유감스럽게도 영생보다 물질을 택했다. 그가 돌아가는 뒷모습을 보시고, 예수께서 제자들에게 말씀하신다. "재물이 있는 자는 하나님 나라에 들어가기가 얼마나 어려운지, 약대가 바늘귀로 들어가는 것이 부자가 하나님 나라에 들어가는 것보다 쉬우니라."(눅 18:24 - 25)

부자에게는 결정적인 약점이 몇 가지 있다. 참으로 조심할 일이다. 첫째, 부자는 자기를 남과 구별하려는 습성(習性)이 있다. 다른 사람, 특히 가난한 사람과 어울리거나 같이 앉는 것을 싫어한다. 자기 입은 옷과 같은 옷을 입은 사람을 보면, 그다음부터는 그 옷을 입지 않는다. 다른 것이 아니다. 남과 비교해서 무엇인가 튀어 보이거나 차별적인 것에서 행복을 추구하는 사람은 영원히 행복할 수 없다. 내가 가진 것과 같은 것을 가난한 사람이 가지고 있으면 이것을 견디지 못한다. 무슨 수를 써서라도, 더 좋은 것, 더 비싼 것, 더 큰 것을 손에 넣으려고 한다. 부자들의 이런 습성 때문에 비싼 옷일수록 잘 팔리는 고약한 풍조가 생긴다. 별것 아닌데도 값을 비싸게 붙여 놓으면 잘 팔린다. 별나고 싶은 부자의 심성(心性) 때문이다. 이것이 마음이 부유한 사람이다. 남과의 평등함과 소박함 속에서 행복을 찾는 사람이야말로 진정한 행복을 얻을 수 있다.

둘째, 부자는 자기의 물질적 넉넉함을 하나님의 복(福)으로 착각하는 성향이 있다. 내가 너보다 잘사는 것은 '나는 너보다 더 많은 복을 받았기 때문이다.'라고 착각한다. 한술 더 떠서 스스로 의로운 사람이라고 여긴다. 그러니 물질적으로 가난한 사람은 게을러서 복을 받지 못한 결과라고 생각한다. 그래서 부하고 넉넉하고 사업이 잘 돌아갈 때 하나님 앞에 간절히 부르짖고 밤을 새워 가며 기도하기란 쉽지 않다. 부자는 사업에 실패하고 하나님의 매를 맞게 될 때에야 정신을 차리게 된다.

돈이 많으면서도 겸손한 사람은 드물기는 해도 찾아보면 있다. 그런가 하면 아무것도 가진 것이 없으면서도 턱없이 교만한 사람이 있다. 그러니 문제는 무엇인가? 마음가짐이다. 재물이 많으면서도 생각이나 뜻이 가난한 사람이 있다. 이런 사람을 예수는 축복한다. 심령이 가난한 사람에게 하나님 나라를 약속한다(마5:3).

통계적으로 보아 가난한 사람이 신앙생활하기가 더 용이하다. 십일조를 바치는 것을 보아도 알 수 있다. 만 원 벌어 천 원 바치는 것은 쉽다. 십만 원 벌어 만 원 바치기도 어렵지 않다. 그러나 이보다 단위가 커지면 제동(制動)이 걸린다. 일억쯤 벌면, 천만 원 바치기가 쉽지 않다. 10억 정도 벌게 되면 1억 바치기가 거의 힘들다. 그쯤 벌게 되면 딴 생각을 하게 된다.

본문에서는 첫째로 하나님은 세상에서 가난한 사람을 택하셨다는 것을 말한다. 둘째로 그들을 믿음으로 부요케 하시고, 셋째로 약속하신 나라의 상속자로 삼아 주신다고 한다. 부자가 아니다. 하나님께서는 가난한 사람들 가운데서 당신의 일꾼을 택하신다. 하나님의 선택이 가난한 사람 가운데 있다는 사실을 잊어서는 안 된다. 부요할 때보다 가난할 때 하나님으로부터 부르심을 받는 경우가 많다. 건강할 때보다 병들었을 때, 강할 때보다 연약할 때, 사업이 흥성할 때보다 사업에 실패할 때, 하나님의 부르심을 받는 경우가 많다. 하나님은 세상에서 어리석고 천한 사람들, 멸시받는 사람들을 선택하여 세상의 권세자들, 부요한 자들을 부끄럽게 하신다고 말한다(고전1:27－28).

왜 하나님께서는 가난한 사람들을 선택하셨는가? 믿음으로 부요하게(plousious en pistei) 하기 위해서이다. 하나님 나라의 상속자(kleronomous)로 삼으시기 위해서이다. 하나님의 선택은 세상적인 가치 기준과 차원(次元)을 달리한다. 진정으로 행복한 사람은 누구인가? 물질적으로 가난한 사람들이다. 하나님 나라가 그들에게 속했기 때문이다(눅6:20).

6절에서 야고보는 부자가 범하기 쉬운 세 가지 잘못에 대해서 경고한다. 첫째, 압제(壓制)이다. 가진 권력으로 남을 무시하고 착취하고 횡포를 부린다. 남을 억압하려 든다. 둘째, 고소(告訴)이다. 사회적 약자들을 법정으로 끌고 가기를 좋아한다. 법이란 원리적으로는 공정성(公正性)을 생명으로 하고 있지만, 현실적으로는 지배계급의 이익을 대변하는 경우가 많다. 부한 자들은 자기들의 기득권을 법적으로 보장받는 경우가 많다. 셋째, 존귀한 이름을 모독(冒瀆)한다. 남을 쉽게 평가하고, 남에 대하여 쉽게 시비를 벌인다. 부의 힘으로 나를 높이고, 남을 압제하고 업신여기며, 권력으로 법의 보호를 받으며 자신의 잘못된 행위를 정당화하고, 남을 불쌍히 여길 줄을 모른다. 이것이 부자가 빠지기 쉬운 함정이다.

가졌다고 교만해서는 안 된다. 가난하다고 비굴해서도 안 된다. 부자에게 아첨해서도 안 되고, 가난한 사람을 정죄(定罪)해서도 안 된다. 그리스도교인에게 부하고 가난한 것은 부차적인 문제이다. 몸이 건강하고 허약한 것도 부차적인 문제이다. 사업에서 성공하고 실패하는 것도 부차적인 문제이다. 예수를 바로 알고 있는가? 바르게 믿고 있는가? 예수의 말씀에 따라 살고 있는가? 예수를 수단이 아니라,

목적으로 삼고 있는가? 그것이 더 중요하다.

예수를 따르던 갈릴리 사람들은 주로 가난한 사람들로 구성되었다. 그런데 점차적으로 부자와 신분이 높은 자들이 교회 공동체에 들어오게 되었다. 따라서 공동체 내에 부자와 가난한 사람들이 공존(共存)하게 되었다. 이런 상황 속에서 야고보는 교회가 정체성을 어디에서 찾아야 하는가를 제시하고 있다. 하나님께서 가난한 사람들을 택했다는 사실에서 찾아야 한다는 것이다. 그런데 지금 한국 교회의 상황은 어떤가? 교회 안에 과연 가난한 사람들이 설 자리가 있는가?

제13강 으뜸가는 법

"여러분이 성경을 따라 '네 이웃을 네 몸같이 사랑하여라' 한 으뜸가는 법을 지키면, 그것은 잘하는 일입니다. (9) 그러나 여러분이 사람을 차별해서 대하면, 죄를 짓는 것이요, 여러분은 율법에 따라 범법자로 판정을 받게 됩니다. (10) 누구든지 율법 전체를 지키다가, 한 조목이라도 어기면, 전체를 어긴 셈이 되기 때문입니다. (11) '간음하지 말라' 하신 분이, 또 '살인하지 말라' 하셨습니다. 당신이 비록 간음은 하지 않아도, 살인을 하면 결국 율법을 어기는 것입니다. (12) 여러분은 자유를 주는 율법을 따라, 앞으로 심판을 받을 각오로, 말도 그렇게 하고, 행동도 그렇게 하십시오. (13) 심판은 자비를 베풀지 않은 사람에게는 무자비합니다. 그러나 자비는 심판을 이깁니다."(2:8-13)

일반적으로 사람들은 죄를 생각할 때, 무거운 죄와 가벼운 죄로 나누어 생각한다. 알고 지은 죄는 무겁고, 모르고 지은 죄는 가벼우며, 행동으로 지은 죄는 무겁고 말로 지은 죄는 가볍다고 생각한다. 이런 식으로 구분한다. 그러나 비록 사소한 일이라도, 죄를 지으면 죄인이다. 단지 죄의 경중이 다를 뿐이다. 행동으로 지은 죄와 마음으로 지은 죄가 같지 않다고 해서, 마음으로 지은 죄는 죄가 아니라고 말할 수 없다.

죄란 무엇인가? 헬라어로 '하마르티아'(hamartia)이다. 그것은 화살이 과녁에 맞지 않고 빗나간 상태를 뜻한다. 본래 제자리에 있어야 할 것이, 제자리에서 벗어난 상태가 하마르티아이다. 나와 창조주 하나님, 나와 이웃, 나와 나 자신, 나와 창조세계 사이의 본래적인 관계가 깨어지고, 빗나간 상태이다.

9절에서 야고보는 교회 공동체 안에서 '사람 차별하는 것'을 엄격하게 죄로 규정(規定)한다. 왜 그런가? "네 이웃을 네 몸처럼 사랑하라"(agapeseis ton plesion, sou hos seauton) 하신 그리스도의 법에 저촉되기 때문이라는 것이다. 예수께서 가르친 이 으뜸가는 법은 레위기 법전에서 유래한다. "이웃 사랑하기를 네 몸처럼 하라 했거늘, 너희가 사람을 외모로 취하거나 하면, 이에 어긋나는 것이 아니냐. 그러므로 네가 남을 사랑하지 않으면 죄가 되느니라."(레19:18)

야고보는 '이웃을 네 몸처럼 사랑하라'는 법을 모든 법 중에서 '가장 으뜸가는 법'(nomon basilikon)이라고 한다. 헬라어 '바실에우스'(basileus)는 왕을 뜻하고, '노모스'(nomos)는 율법을 말한다. 모든 법 중에 왕과 같은 위치에 있는 법이라는 뜻이다. 이보다 더 큰 법은 없다는 것이다. 그리스도교 사상을 한마디로 표현하면 무엇인가? '이웃 사랑'이다.

'이웃'으로 번역된 헬라어 '플레시오스'(plesios)는 단순히 내 옆집에 사는 사람을 뜻하는 것이 아니다. 그것은 사람을 비롯해서 나를 둘러싸고 있는 일체(一切), 내 주변에 있는 모든 것을 총칭한다. 독일어의 '움벨트'(Umwelt) 또는 환경(環境)이 가장 근접한 번역일 것이다.

‘나’가 인(因)이라면, ‘이웃’은 연(緣)에 해당한다. 한 톨의 씨알을 땅에 심으면, 그 씨알은 땅이 함유하고 있는 적당한 습기와 온도와 무기질을 공급받아 싹을 틔운다. 그 싹은 태양의 빛 에너지를 받아 성장하여 열매를 맺게 된다. 우리가 무심코 먹는 쌀 한 톨은 사소한 것이 아니다. 1년 동안 삼라만상이 참여하여 만든 우주의 작품이 아닐 수 없다. 식사(食事)란 무엇인가? 우주[天地]가 노동한 수고와 땀의 결실을 내 몸속에 받아들이는 것이다. 내 생명을 유지하기 위하여 우주생명을 먹는 것이다. 타의 생명을 희생시켜 나의 생명을 유지하는 것이 식사이다. 타(他)의 생명을 내 몸속에 받아들여 나[我]와 타(他)가 ‘하나’ 되는 의식(儀式)이 식사이다. 우주생명의 살과 피를 먹는 것이 식사라면, 우리는 어떠한 자세로 식사를 해야 하는가? 성만찬에 참여하는 자세로 식사를 해야 한다.

성만찬(Sacramentum)이란 무엇인가? 예수의 살과 피를 먹는 것이다. 그것을 내 몸속에 받아들여, 예수의 살이 내 살이 되고, 예수의 피가 내 피로 되는 의식이다. 예수가 내 안에, 내가 예수 안에 머무는 상태, 그리하여 나와 예수가 둘이면서 하나요(both－and), 하나도 아니고 둘도 아닌 상태(neither－nor)로 되는 것이다. 성만찬에 참여함으로써 나와 예수는 둘이면서 동시에 한 몸을 이룬다.

예수께서 우리를 구원하기 위해서 자신의 생명을 내어 주었듯이, 우주 만물은 자기의 생명을 내어 주어 우리의 생명을 키워 나간다. 동학의 2대 교주 최해월 선생은 하늘이 하늘을 먹어서[以天食天], 하늘을 키우는 것[養天]이 식사라고 했다. 생명이 생명을 먹어[以生食生] 생명을 키우는 것이 식사이다[養生]. 이런 의미에서 우리는 나를 위해서 자신의 생명을 내어 준 숱한 생명들에게 감사하는 마음

자세를 가지고 식사에 임해야 할 것이다. 식사는 성만찬이 되어야 한다.

'나'라는 것은 무엇인가? '내 몸'이라는 것은 무엇인가? 고정불변한 실체(Substance)로서의 나는 존재하지 않는다. 나는 관계적 구조요, 무상(無常)한 존재이다. 지(地)·수(水)·화(火)·풍(風)·혼(魂)의 묘합(妙合)이 '작은 나'요, 묘산(妙散)이 '큰 나'이다. 내가 죽으면 어디로 가는가? 살과 뼈는 땅으로 돌아간다. 피는 물로, 체온은 불로, 기운은 바람으로, 혼은 하나님에게로 돌아간다. 하나님께서는 땅을 빚어, 거기에 하나님의 혼(니샤마)을 불어넣어 사람을 만드셨다. 나는 '작은 우주'(小宇宙)요, 우주는 '큰 나'(大我)이다.

나 속에서 천지(天地)를, 그리고 천지 속에서 나를 보아야 한다. 예수의 언어로 표현하면, 나 속에서 이웃을, 이웃 속에서 나를 보아야 한다. 나와 이웃은 따로 존재하지 않는다. 별개(別個)로 존재하는 것이 아니다. 상호 의존적으로 존재한다. 하나의 관계 그물로, 하나의 운명 공동체로 존재할 뿐이다. 나와 이웃은 둘이면서 하나이고, 하나이면서 둘이다. 예수는 나와 이웃을 분리하지 않는다. 이웃을 '내 몸의 연장(延長)'으로 생각한다. 이웃에 대한 무관심은 곧 나에 대한 무관심으로 이어진다. 이웃을 살리는 것이 곧 내가 사는 길이다. "이웃을 네 몸처럼 사랑하라" 하신 예수의 말씀 속에는 이러한 깊은 생태학적 진리가 담겨 있다.

네 이웃을 네 몸처럼 사랑하지 않는 것을 야고보는 '죄'라고 못 박는다. 나와 이웃을 분리하는 것, 나와 환경을 분리하는 것, 나와 우주생명을 분리하여 생각하고, 사랑하지 않는 행동이 죄이다.

10절에서 야고보는 모든 율법을 잘 지키다가 그중에 하나라도 어기면, 전체를 어긴 것이 된다고 한다. 온 율법을 지키다가 한 가지만 어겨도, 그는 의인(義人)이 아니라 죄인(罪人)이다. 전에 죄를 많이 지었다 해도, 지금 선한 일을 많이 하면 탕감을 받지 않겠는가? 그렇지 않다.

살인하지 않았다. 도둑질을 하지 않았다. 간음한 일이 없다. 신앙생활 잘했다. 그런데 사람을 외모로 취했다. 사람을 차별 대우했다면, 그것 하나만 가지고도 그는 죄를 지은 것이다.

12절에서 야고보는 "여러분은 자유를 주는 율법을 따라, 앞으로 심판을 받을 각오로, 말도 그렇게 하고, 행동도 그렇게 하십시오."라고 한다. 율법의 본질은 사람을 자유롭게 하는 데 있다. 사람을 매인 것에서 해방시켜 자유를 누리게 하는 것이 율법이 제정된 본래 목적이다. 언제, 누구에게 율법이 주어졌나? 이집트의 노예생활을 하던 이스라엘 백성이다. 출애굽 이후, 이스라엘 해방 공동체를 유지하고 보존하기 위해서 하나님께서 주신 것이 십계명이다. 인간을 노예상태에서 해방시켜 자유를 누리게 하는 것이 율법의 기본 정신이다.

그리스도교인으로서 지키는 법은 해방의 법이요 자유의 법이다. "그리스도께서 우리를 해방시켜 자유롭게 하셨으니, 다시는 종의 멍에를 메지 말아야 한다."(갈5:1) 자유의 법은 무엇인가? 복음이다. 복음은 우리로 하여금 율법주의로부터 해방시킨다. 공로주의로부터 자유롭게 한다. 무엇을 위한 자유인가? 이웃 사랑을 위한 자유이다.

13절에서는 심판(審判)과 자비행(慈悲行)의 관계에 대해서 말한다. 자비행의 삶을 살지 않는 사람에게는 심판이 뒤따른다는 것이다. 긍휼이나 자비로 번역된 헬라어 '엘레오스'(eleos)는 두 가지 의미를 지닌다. 엘레오스는 한편으로 모든 사람에게 골고루 갖는 평등한 사랑과 우정을 뜻한다. 나를 사랑하는 사람만 사랑하면 상을 받을 수 없다. 세리도 그만큼은 한다. 내 형제에게만 인사한다면, 남보다 나은 것이 하나 없다. 이방인도 그 정도는 하기 때문이다. "하늘에 계신 아버지는 선한 사람에게나 악한 사람에게나 똑같이 해를 떠오르게 하시고, 의로운 사람에게나 불의한 사람에게나 똑같이 비를 내려주신다."(마5:45) 평등애(平等愛)가 곧 자비임을 알 수 있다. 다른 한편으로 이웃의 아픔에 대해서 연민(憐憫)의 정(情)을 갖고, 그것을 내 아픔으로 받아들이는 것이 자비이다. 이러한 자비심은 나와 이웃이 분리된 개체가 아니라 동체(同體)라는 깨달음[覺]과 더불어 생겨난다. 하나님의 마음으로, 그리스도의 마음으로, 자식을 대하는 부모의 마음으로, 이웃을 사랑하는 것이 야고보가 말하는 자비행이다.

나로서는 증오할 수밖에 없는데, 하나님을 보아서 사랑하는 것이다. 나로서는 미워할 수밖에 없는데, 그리스도를 보아서 사랑하는 것이다. 자비를 베푸는 곧 하나님의 일을 하는 것이다. 그리스도의 일을 하는 것이다. 그리스도께서는 자비를 베푸는 사람은 행복하다고 축복하셨다. 그들은 자비를 입을 것이기 때문이라는 것이다(마5:7). 내가 자비를 입는 비결은 어디에 있는가? 내가 먼저 자비를 베푸는 데 있다. 자비는 하나님께 속해 있다. 자비를 베푸는 사람에게 하나님은 자비를 베푼다. 이러한 자비행이 일체의 미움과 증오와 심판을 이긴다는 것이다.

제14강 믿음과 행함의 상관성

　　"나의 형제자매 여러분, 사람이, 믿음이 있다고 말하면서도 행함이 없으면, 무슨 소용이 있겠습니까? 그런 믿음이 그를 구원할 수 있겠습니까? (15) 어떤 형제나 자매가 헐벗고, 그날 먹을 것조차 없는데, (16) 여러분 가운데서 누가 그들에게 평안히 가서 몸을 따뜻하게 하고, 배부르게 먹으라고 말만 하고 몸에 필요한 것들을 주지 않으면, 무슨 소용이 있겠습니까? (17) 믿음에 행함이 따르지 않으면, 그 자체만으로는 죽은 것입니다. (18) 그러나 어떤 사람은 이렇게 말할 것입니다. '너에게 믿음이 있고, 나에게는 행함이 있다. 행함이 없는 너의 믿음을 나에게 보여라. 그러면 나는 행함으로 나의 믿음을 너에게 보이겠다.' (19) 당신은 하나님이 한 분이심을 믿고 있습니다. 그것은 잘 하는 일입니다. 그런데 귀신들도 그렇게 믿고 떱니다. (20) 아, 어리석은 사람이여, 당신은, 행함이 없는 믿음은 쓸모가 없다는 사실을 알고 싶습니까?"(2:14－20)

　　야고보는 이 단락에서 그리스도교의 핵심에 해당하는 구원문제를 집중적으로 다룬다. 이미 야고보는 믿음이야말로 그리스도교 복음의 중심이라는 사실을 밝힌 바 있다(1:3; 2:1). 그런데 본문에서는 말씀을 듣기만 하고, 행하지 않는 믿음에 관해서 말한다. 야고보는 이미 말씀을 듣기만 하고 행하지 않는 그리스도교인을 향해서 자기를 기만하는 사람이라고 비판하였다(1:22). 그 말씀을 행하는 사람만이 진정으로 자유롭게 하는 율법 안에 거하는 사람임을 말하였다.

이제 야고보는 보다 적극적으로 믿음과 행함을 대립시킨다. 믿음 하나만으로 구원에 이를 수 있다고 주장하는 사람들을 향해서, 야고보는 행동으로 뒷받침되는 믿음에 관해서 말한다. 이미 앞 단락에서 야고보는 하나님께서 부자가 아니라 가난한 사람들을 택하셨다는 것, 그들을 믿음으로 부유하게 하셨다는 것, 가난한 사람들이 하나님 나라의 상속자라고 밝혔다. 이것은 교회 공동체의 신앙이 무엇을 지향해야 하는가? 선교의 방향성(方向性)을 우리에게 암시해 준다. 특히 공동체 내의 사람 차별이 얼마나 큰 죄악에 해당하는가를 야고보는 앞 단락에서 밝히고 있다.

이와 연결된 맥락에서, 야고보는 그리스도교의 핵심사상인 칭의론(Rechtfertigungslehre)을 다루고 있다. 인간은 과연 무엇으로, 어떻게 구원받을 수 있는가? 야고보가 제시하고 있는 칭의론은 한마디로 '행동하는 믿음'이다. 명목상의 믿음이나, 믿음 제일주의가 아니다. 오로지 행동하는 믿음만이 인간을 온전한 구원에 이르게 할 수 있다는 것이다. 인간이 의롭게 여김을 받는 과정에서, 믿음과 행함의 불가분 관계를 야고보는 역설(力說)하고 있다.

"나는 믿음을 가지고 있다." 이렇게 자랑하는 그리스도교인들을 향하여 야고보는 단도직입적으로 반문한다. "믿음이 당신을 구원할 수 있는가?" 야고보는 행위(erga)와 믿음(pistis)의 관계를 분명히 밝히고 있다. '피스티스'가 '에르가'를 통해서 그 생명력(生命力)이 입증되지 않으면, 그것이 종말의 심판날에 결코 그를 구원할 수 없다는 것이다.

개인의 신앙생활을 예로 들어 보자. 신앙생활을 막 시작할 때는 행함보다 믿음이 앞선다. 예수 그리스도의 십자가로 구원을 받았고, 생명을 얻었다. 이러한 믿음이 신앙생활의 토대를 이룬다. 그런데 문제는 예수를 믿으면 달라져야 하는데, 그렇지 못한 데 있다. 미워하던 사람을 보면, 여전히 밉고, 좋은 것을 보면 여전히 탐이 난다. 시기와 질투도 여전하고, 이웃이 잘되면 어쩐지 배가 아프다. 예수를 믿기 전과 후가 어떻게 달라졌는가? 달라진 것이 없다면, 도대체 예수를 믿는다는 것은 무엇을 뜻하는가?

(1) '믿음 제일주의'가 문제된다. 우리는 믿음만 있으면 다 된다는 착각에서 벗어나야 한다. 예수를 믿고 구원받았다. 과거의 죄도, 현재의 죄도, 앞으로 짓게 될 미래의 죄도 다 용서받고, 구원받았다. 천국에 가는 입장표를 이미 받아 놓은 상태이니, 걱정할 것 없다. 행함은 필요 없다. 오직 믿기만 하면 된다. 이런 경우 믿음만 있으며 아무리 큰 죄를 지어도 상관이 없고, 빚진 것을 갚지 않아도 된다고 생각한다. 믿음을 지나치게 강조하면 위험한 일이 아닐 수 없다.

(2) '행함 제일주의'도 잘못이다. 믿음만 가지고는 안 된다고 생각한다. 바르게 살아야 한다. 진실하게 살아야 한다. 윤리적 행함만을 강조하다 보니, 인본주의에 빠지고, 업적주의에 빠진다. 처음 예수를 믿기 시작할 때에는 '오직 믿음으로'였으나, 믿다 보니 '행함으로' 바뀌게 된다.

물론 행함 자체가 나쁜 것은 아니다. 믿는 사람으로서 바르게 행동해야 한다는 것이 당연하다. 문제는 그것으로 사람을 평가하려는

데 있다. 자신도 모르는 사이에 행함을 매개로, 공로를 쌓아서 구원
을 얻으려는 데 있다. 이렇게 되면 예수 그리스도의 십자가는 온데
간데없게 된다.

토마스 아퀴나스는 말한다. "사람은 행함이 있는 공로로 구원받는
다. 그러나 은혜 없이는 공로를 세울 수 없다." 무슨 말인가? 나 자
신을 비판하거나, 남을 비판할 때, 우리는 자신도 모르는 사이에 행
함만을 가지고 판단하게 된다. 선하게 살아야 한다. 구제하고 봉사해
야 한다. 내가 선한 일을 하였다. 내가 의로운 일을 하였다. 내가 구
제하였다. 이런 자세로 선을 행할 때, 모든 것이 내 공로가 되어 버
린다. 그러면 나도 모르는 사이에 업적주의, 공로주의에 빠지게 된다.

(3) 행함에 따라서 그 사람의 믿음을 평가하려는 것도 잘못이다.
행함은 외형적인 것이다. 밖으로 드러나는 것이다. 교회에 얼마나 열
심히 봉사하는가, 얼마나 십일조를 많이 내는가, 새벽 예배에 빠지지
않고 참석하는가, 몇 사람이나 전도했는가, 이런 것들로 그 사람의
믿음을 평가하려고 한다면, 그것은 잘못이다. 물론 믿음이 좋아서 그
렇게 행동했을 수 있다. 그러나 그러한 행동을 했다고 해서, 반드시
믿음이 좋은 것은 아니다.

믿음은 하나님과 나 사이의 내면적인 문제이다. 내밀한 관계이다.
예수께서 부자들이 헌금궤에 헌금을 넣는 것을 보시고, 또 어떤 가
난한 과부가 거기에 렙돈 두 닢을 넣는 것을 보셨다. 그때 예수께서
말씀하신다. "내가 진정으로 너희에게 말한다. 이 가난한 과부가 누
구보다도 더 많은 것을 넣었다."(눅21:1 - 3) 왜 그런가? 부자들은
넉넉한 가운데서 자기들의 헌금을 넣었지만, 이 과부는 가난한 가운
데서 가지고 있는 생활비 전부를 넣었기 때문이다. 가난한 과부는

생활비뿐만 아니라, 마음의 전부를 바쳤을 것이다. 밖으로 드러난 외형적인 행동에 근거해서 믿음을 평가해서는 안 된다.

(4) 신앙생활의 목표를 세우고, 그것을 실천으로 옮기지 못할 때, 절망하는 것도 문제이다. 마음으로는 원(願)하지만, 육신이 약한 성도들이 있다(막14:38). 내일 아침부터 새벽기도를 하겠다고 결심하지만 작심 3일로 그치고 만다. 이런 습관이 거듭된다. 그러다가 아예 자기 자신을 구제불능의 인간으로 평가하고, 절망하고 좌절한다. 아예 자포자기해 버린다. 될 대로 되라고 생각하고 행동한다. 행하는 것도 좋고, 행하려고 애쓰는 것도 좋다. 그러나 어떤 경우에도 스스로를 평가해서는 안 된다. 내가 받은 은혜를 남과 비교하면서, 저울질해서도 안 된다. 본문은 그 대상이 불신자들이 아니다. 이미 예수를 믿고 있는 그리스도교인들이다. 이미 신앙을 가지고 있는 사람에 대해서 '행동하는 믿음'이라야 함을 강조하고 있다.

그러면 야고보가 주장하는 행동하는 믿음이란 무엇을 뜻하는가? 여기에서 '행동'(erga)으로 저자가 말하고자 하는 것은 무엇인가? 물론 그것은 '율법의 행함'(erga tou nomou)을 말하는 것이 아니다. 그것은 '사랑의 행위'(erga tou agapou)를 말한다. '은혜의 행위'(erga gratia)를 말한다. 지금 헐벗고 먹을 것이 없어서 굶주린 사람에게, 구체적인 도움을 주지 않으면서 "평안히 가라." 하고 말한 후 빈손으로 돌려보낸다면, 그것이 그 사람에게 무슨 유익이 되겠는가?

17절에서 야고보는 행함이 없는 믿음은 '그 자체만으로는'(kat he auton) 죽은 것이라고 한다. '카트 헤 아우톤'은 본질로부터 분리를 뜻한다. 행함이 없는 믿음은 믿음의 본질로부터 이탈되고 소외된 믿음을 말한다. 바울은 인간이 율법의 행위를 통해서 하나님과 올바른 관계를 맺을 수 없다고 말한다. 오로지 사랑으로 행동하는 믿음만이 인간을 구원으로 인도한다는 것이다(갈5:6). 구체적인 삶의 현장에서 고난을 당하고 있는 이웃의 필요에 응답하는 사랑의 실천이야말로 '사랑으로 행동하는 믿음'(바울)이며 동시에 '행동하는 믿음'(야고보)이다. "나더러 주여 주여 하는 자마다 천국에 들어가는 것이 아니다. 다만 하늘에 계신 내 아버지의 뜻대로 행하는 자라야 들어간다."(마7:21)

18절에서는 "너는 믿음이 있고, 나는 행함이 있으니 행함이 없는 네 믿음을 내게 보이라. 나는 행함으로 내 믿음을 네게 보이리라."고 한다. 너는 믿음이 있다. 나는 행함이 있다. 서로 시비를 벌이고 있다. 야고보는 한쪽에 치우친 이러한 극단주의적 신앙을 가지고 있는 사람들을 경계한다. 너는 믿음이 있다고 말하는데, 도대체 행함이 없는 믿음이 있다면, 그것을 내게 보여 달라는 것이다. 바늘에 실이 따라가듯이, 믿음이 있으면 저절로 행함이 따르게 된다. 어떤 믿음이든지 행함 없이 드러낼 수는 없다. 나는 행함을 통해서 내 믿음을 너에게 제시할 수 있다는 것이다.

19절에서 야고보는 유일신 신앙만 가지고는 안 된다고 한다. 왜 그런가? 귀신들도 유일신을 믿고 그분 앞에서 떨기 때문이다. 믿음만을 주장하는 자들의 신앙은 어떤 수준인가? 마귀 수준의 신앙이라는 것이다. 야고보는 이웃 사랑이라는 구체적인 실천 속에서 입증되지 않으면 안 되는 신앙의 실천성(實踐性)과 신실성(信實性)을 여기에서 말한다.

제15강 행함으로 구원받음

　　"(21) 우리 조상 아브라함이 자기 아들 이삭을 제단에 바침으로써, 행함으로 의롭게 된 것이 아닙니까? (22) 당신이 보는 대로, 믿음이 그 행함과 함께 작용을 한 것입니다. 그러므로 행함으로 믿음이 완전하게 되었습니다. (23) 그래서 '아브라함이 하나님을 믿으니, 하나님께서 이것을 아브라함의 의로움으로 여기셨다' 한 성경 말씀이 이루어졌고, 또 사람들이 그를 하나님의 벗이라고 불렀습니다. (24) 여러분이 아는 대로, 사람이 행함으로 의롭게 되는 것이고, 믿음으로만 의롭게 되는 것이 아닙니다. (25) 이와 같이 창녀 라합도 정탐꾼들을 접대하여, 다른 길로 내보냄으로써, 행함으로 의롭게 된 것이 아닙니까? (26) 영혼이 없는 몸이 죽은 것과 같이, 행함이 없는 믿음은 죽은 것입니다."(2:21-26)

　　야고보는 믿음만을 강조하고, 행함이 뒤따르지 않는 신앙생활이 얼마나 자기기만(自己欺瞞)인가를 구약성서에 나오는 두 가지 예를 들어 설명한다.

　　첫째로 그는 아브라함의 행동하는 믿음에 관해서 말한다. 아브라함이 온갖 어려움과 시련을 다 겪고, 인간적인 희망이 단절된 상태에서 얻게 된 아들 이삭을 제물로 드리라는 명령을 받았을 때, 그는 행동하는 믿음을 보임으로써 의롭다 함을 인정받게 되었다는 것이다.

유다인들은 그들의 조상이 아브라함이라는 사실에 대해서 대단한 자부심을 가지고 있다. 바울도 아브라함을 '믿음의 조상'이라고 선언한다(롬4:11 - 12). 아브라함이 '행위에 근거해서'(eks ergon) 하나님으로부터 의롭다 함을 인정받은 것이라면, 어떤 행위를 지칭하고 있는가? 그것은 바로 자기의 아들 이삭을 명령에 순종하여 제단에 바친 행위이다. 그 행위에 근거하여 하나님은 아브라함이 의롭다 함을 인정했다는 것이다.

22절에서 야고보는 '믿음(pistis)'과 '행위'(erga)가 '함께 일한다'(eynergei)라고 말한다. '순에르게이'는 본문에서 '도와주다' 또는 '기꺼이 지원하다'를 뜻한다. 여기에서는 믿음과 행위의 협동(協同)을 지칭한다. 행함이 없는 믿음은 불완전하고, 믿음은 행동을 통해서 완전하게 된다. 본문에서 주어는 '믿음'이다. 야고보도 피스티스를 먼저 언급한다. 피스티스냐, 에르가냐? 양자택일은 있을 수 없다. 마치 바늘과 실이 연합하여 옷을 꿰매듯이, 믿음과 행함이 연합하여 인간은 하나님 앞에서 의롭다 함을 인정받을 수 있다. 야고보는 신앙의 '고백적(告白的)인 성격'보다 오히려 신앙의 '역동적(力動的)인 성격'에 더 비중을 두고 있다.

23절에서는 22절의 중심 테마인 믿음과 행위 사이의 관계성을 구약의 예를 들어 설명한다. 아브라함은 본래 허물이 많은 사람이었다. 그럼에도 불구하고 하나님은 그의 믿음 하나만 보시고, 다른 허물들을 덮어 주셨다. "너는 너의 본토 친척 아비 집을 떠나 내가 네게 지시할 땅으로 가라"(창12:1) 하신다. 하나님의 명령에 아브라함은 갈 바를 알지 못하면서도 순종했다. 아브라함은 하나님을 신뢰했다. '떠나라' 하신 분이 갈 곳도 예비해 주시리라 믿었다. 아브라함은 떠나라는 말씀 한 마디만 듣고, 일단 떠났다. 일단 순종했다. 이것이 아브라함의 믿음이었다. 큰 모험이 아닐 수 없다. 하나님만 의지하고 정든 고향을 떠났다.

둘째로 아들을 준다고 약속하셨다. 그런데 10년이 지나도 소식이 없다. 그래서 편법을 쓴다. 하갈을 통해서 이스마엘을 얻는다. 이스마엘로 대를 이으려고 하는데, 하나님께서 한사코 "네 아내 사라가 아들을 낳을 것이다"라고 한다. 사라의 나이가 90이 되어 간다. 그 말을 듣고 사라가 웃는다. 아브라함이 하나님 말씀을 믿고 아내를 가까이한다. 아브라함은 바랄 수 없는 중에 믿었다. 그의 나이 백 세가 되고, 사라의 나이 구십 세가 되어 아이를 낳을 수 없음에도 불구하고 믿음이 약하여지지 아니하고, 약속을 믿었다. 그 믿음을 하나님은 의로 여겼다.

셋째로 백 세에 얻은 아들 이삭을 하나님께 바치라는 음성을 들었을 때, 아브라함은 이에 순종한다. 아브라함은 위대한 결단을 하였다. 이삭을 드리되 믿음으로 드렸다. 인간으로는 해낼 수 없는 일을 믿음으로 해냈다. 아브라함은 모리아 산으로 가서 아들을 바친다. 손을 들어 칼을 잡고 아들을 잡으려 하는 순간 하나님의 음성을 듣는다. "그 아이에게 손을 대지 말라. 네가 진정 나를 경외하는 줄 아노라." 하시면서 큰 복을 주신다.

하나님의 명령에 전적으로 순종하는 아브라함의 믿음을 야고보는 '행동하는 믿음'의 전형으로 제시한다. 아브라함의 순종은 행동하는 믿음의 결과였다. 행동하는 믿음을 통해서 하나님과 아브라함의 관계가 정상적으로 회복되었을 뿐만 아니라, 나아가 그는 하나님의 친구로 불렸다(사41:8).

24절에서 행함으로 의롭게 되는 것이고, '믿음에만 근거해서는 안된다'(ouk ek pisteos monon)는 것이다. 무슨 말인가? '믿음만'(pisteos monon)으로는 의롭다 인정받을 수 없다는 것이다. 이는 오로지 믿음만으로 의롭다 인정받을 수 있다고 주장하는 사람들에 대한 반박이다. 인간이 의롭다 인정받을 수 있는 것은 '믿음만'(pisteos monon)으로 안 된다. 동시에 '행위만'(erga monon)으로도 안 된다. 인간이 의롭다 인정받는 것은 '이것이냐 저것이냐'(either or) 둘 중에 하나를 선택하는 것이 아니다. 그것은 믿음과 행위의 협동 결과이다. 아브라함의 예에서 볼 수 있듯이, '행동하는 믿음'(ek pisteos erges)에서 하나님은 인간을 의롭다 인정하신다.

25절에서 행동하는 믿음의 두 번째 예로 야고보는 기생 라합의 경우를 말한다. 여호수아가 여리고성을 점령하기 전 두 명의 정탐꾼을 그곳에 파견했다. 라합은 창녀 신분이었다. 도덕적으로 허물이 많은 여자였다. 그 여인은 그들이 들어오자 숨겨 주었다. 정탐꾼들로부터 자초지종의 이야기를 듣자, 라합은 그들의 협력자가 되었고, 마침내 믿음의 사람이 되었다. 이스라엘 정탐꾼을 숨겨 준 그 일 하나로 인하여 그 여인은 구원을 받게 되었다. 히브리서는 라합을 믿음의 조상 대열에 세운다. "믿음으로 기생 라합은 정탐꾼을 평안히 영접하였음으로 순종치 아니한 자와 함께 멸망하지 아니 하였습니다."(히11:31)

하여튼 야고보가 제시하고 있는 구약의 두 예는 초대교회 구원 사상의 성향(性向)을 잘 드러내 주고 있다. 그리스도교인은 아브라함으로 대표되는 유다인이나, 라합으로 대표되는 이방인을 막론하고 '믿음만으로'(ek pisteos monon)는 구원에 이를 수 없다는 것이다. '행동하는 믿음'만이 구원으로 인도한다는 것이다.

26절에서 야고보는 종합적으로 결론을 내린다. "영혼 없는 몸이 죽은 것같이, 행함이 없는 믿음은 죽은 것이다." '프뉴마'는 구약 히브리어 '루아흐'(ruach)의 번역임에 틀림없는데, 그것은 생명 또는 모든 생물을 살아 있게 하는 기(氣)를 뜻한다(창2:7). '영혼이 없는 몸'(soma choris pneumatos)은 생명이 떠난 몸을 가리킨다. 영혼이 떠나면 몸은 죽게 된다. 썩어서 필경 버려지게 된다. 이와 같이 '행함이 없는 믿음'(pistis choris ergon)은 죽은 것이다. 산 믿음이라면 반드시 행함으로 나타나야 할 것이다. 그 행함으로 열매를 맺을 수밖에 없다. 행동이 없는 믿음은 죽은 믿음이기 때문에, 그것은 인간을 구원으로 인도할 수 없다.

그러면 구원론에 있어서 바울과 야고보 사이에는 어떠한 차이가 있는가? 바울은 율법의 행위가 인간을 구원에로 인도하는 데 어떠한 역할도 하지 못한다고 생각하였다. 율법 자체는 선하고 좋은 것이다. 그 요구들은 인간을 생명에로 인도한다. 그러나 문제는 인간이 그 요구들을 모두 행할 수 없다는 데 있다. 그렇기 때문에 하나님은 인간이 구원받을 수 있는 새로운 길을 선사했다. 율법의 행위에 근거한 의로움이 아니라, 예수 그리스도의 십자가 사건에서 나타난 '하나님의 의'(dikaiosyne tou theou)에 근거한 의로움이다. 여기에서 요구되는 것은 오직 믿음뿐이다. 따라서 바울은 다음과 같이 말할 수 있었다. "그러므로 사람이 의롭다 하심을 얻는 것은 율법의 행위에 있지 않고, 믿음으로 되는 줄 우리가 아노라."(롬3:28) 바울은 구원을 철저하게 그리스도론적 지평에서 이해하고 있음을 알 수 있다.

물론 야고보도 믿음 속에 인간을 구원하는 능력이 있음을 부인하지 않는다. 그러나 믿음만은 아니라는 것이다. 행함과 분리된 믿음은 인간을 구원할 수 없을 뿐만 아니라(2:14), 믿음은 행함과 연합될 때 온전하게 된다(2:22). 그렇다고 해서 야고보가 행함, 곧 자비의 실천만을 구원의 조건으로 내세우지 아니하였다. 야고보는 믿음과 행함을 이분법적으로 생각한 적이 없다. 양자(兩者)는 하나가 아니지만, 둘로 명확하게 구분될 수도 없다. 불일불이(不一不二)의 관계이다. 하나이면서 둘이요, 둘이면서 하나인 관계이다.

이와 같이 구원론을 둘러싼 바울과 야고보 사이의 견해 차이를 해결하기 위한 노력들이 초대교부들 사이에서 있었다. 어거스틴에 따르면 바울은 믿음을 갖기 이전에 선행(善行)을 쌓아서 그 공덕(功德)으로 구원에 이르고자 하는 사람들에 대하여 비판하고 있으며, 이와 달리 야고보는 믿음을 가진 후 자연스럽게 동반되어야 할 사랑의 행동을 강조한다. 토마스 아퀴나스에 따르면 바울은 의롭다 인정받기 전의 상황을 로마서 3장에서 강조하고 있고, 야고보는 의롭다 인정받은 후의 상황을 야고보서 2장에서 강조한다. 바울의 대상은 비그리스도교인이라면, 야고보의 청중은 그리스도교인이라는 것이다.

야고보는 신앙을 관념화(觀念化)하고 명목론(名目論)에 사로잡혀, 믿음과 삶을 분리시키고 있는 그리스도교인의 공동체적 책임의식(責任意識)을 강조하고 있다.

제16강 생성의 수레바퀴

"나의 형제자매 여러분, 여러분은 선생이 되려고 하는 사람이 많아서는 안 됩니다. 여러분이 아는 대로, 가르치는 사람인 우리가 더 큰 심판을 받을 것입니다. (2) 우리는 모두 실수를 많이 저지릅니다. 누구든지 말을 하면서 실수를 하지 않는 사람은, 온몸을 제어할 수 있는 온전한 사람입니다. (3) 말을 부리려면, 그 입에 재갈을 물립니다. 그래서 우리는 말의 온몸을 끌고 다닙니다. (4) 보십시오, 배도 그렇습니다. 배가 아무리 커도, 또 거센 바람에 밀려도, 매우 작은 키로 조종하여, 사공이 마음먹은 곳으로 끌고 갑니다. (5) 이와 같이, 혀도 몸의 작은 부분이지만, 큰일을 할 수 있다고 자랑합니다. 보십시오, 아주 작은 불이 굉장히 큰 숲을 태웁니다. (6) 그런데 혀는 불이요, 불의의 세계입니다. 혀는 우리 몸의 한 부분이지만, 온몸을 더럽히고, 인생의 수레바퀴에 불을 지르고, 마지막에는 혀도 지옥 불에 타 버립니다."(3:1-6)

본문에서 야고보는 말에 대해서 언급한다. 총론적으로 먼저 두 가지를 말한다. 먼저 선생이 되지 말라고 한다. 선생은 직업상 말을 많이 하게 되어 있다. 무릇 말을 많이 하다 보면 실수가 있게 마련이다. 그래서 야고보는 말한다. 선생이 되려고 하지 말라. 선생은 더 큰 심판을 받게 될 것이기 때문이다. '선생'에 해당하는 '디다스칼로스'(didaskalos)는 아람어 '라삐'와 유사한 개념인데, 유대교 율법학자나 서기관도 여기에 속한다. 예수께서도 제자들에게 라삐라 칭함을 받지 말라고 한다. 너희 선생은 한 분이요, 너희는 모두 형제이기 때문이다(마23:8). 선생은 하나로 족하지, 여럿일 필요가 없다는 것이다. 선생이 얼마나 어려운가를 단적으로 말해 주고 있는 본문이다.

본문에서 야고보는 주의 말씀에 의거하여 교회 공동체 내에서 가르치는 직분을 가지고 있는 선생들에 대해서 경각심을 불러일으키고 있다. 특히 가르치는 직책을 가지고 있으면서도, 교회에서 권위를 부리며 덕을 세우지 못하는 선생들에 대하여 야고보는 엄중하게 경고한다.

유대교 탈무드에는 다음과 같은 말이 나온다. "만약 홍수가 나서 너를 낳아 준 부모와 너를 가르쳐 준 라삐가 떠내려가는데, 한 사람밖에 구할 수 없다면, 너는 누구를 구하겠느냐? 라삐를 먼저 구해야 한다." 유대교인들이 정신적 지도자를 얼마나 소중하게 여기는가를 알 수 있는 대목이다. 나를 낳아 준 부모도 중요하지만, 나의 정신과 영혼을 지도해 주는 선생이 나의 앞날을 보아서는 더 소중하다는 것이다.

유대인들의 문화는 라삐를 중심으로 이루어지고 있다. 라삐의 교훈을 받고, 라삐의 가르침에 따라 삶을 산다. 이토록 라삐는 존경의 대상이었다.

사람은 세 가지 복을 가지고 태어나야 한다. 부모를 잘 만나야 하고, 스승을 잘 만나야 하며, 배우자를 잘 만나야 한다. 부모, 스승, 배우자는 내 운명을 결정하는 중요한 요인이다. 선생 잘 만나는 것만큼 복된 것도 없다. 선생의 역할이 그만큼 중요함을 알 수 있다.

예수께서 책망한 사람들이 누구인가? 율법학자들이다. 가르치는 사람들이다. 선생의 죄가 왜 큰가? 남은 가르치면서, 나는 행하지 않을 때 죄가 크게 된다. 가르치다 보면 모르는 것도 아는 체하기 쉽다. 모르는 것을 솔직히 인정할 수 있는 사람이 위대한 선생이다. 예수께서 말씀하신다. "누구든지 나를 믿는 이 작은 사람들 가운데 하나라도 죄짓게 하는 사람은, 차라리 자기 목에 연자맷돌을 달고 바다 깊숙이 잠기는 편이 낫다."(마18:6) 남을 잘못 가르쳐서 실족하게 하는 것은 참으로 엄청난 죄가 된다. 그것은 남의 운명을 망치는 일이기 때문이다.

2절에서 가장 쉽게 짓는 죄, 그러면서도 가장 큰 죄에 대해서 말한다. 그것이 무엇인가? 말로 짓는 죄이다. 말에 실수가 없는 사람은 온몸을 제어할 수 있는 온전한 사람이라고 말한다. 말을 내 마음대로 다스려서 제어할 수 있는 사람이라면, 그 사람은 능히 인격도 다스리고 운명도 제어할 수 있는 사람이다. 그러니 그 사람은 온전한 사람이 될 수 있다. 말을 많이 하면 자연히 실수를 하게 되어 있다. 말을 해야 할 때 말을 하고, 침묵을 지켜야 할 때 침묵을 지키는 것이 말을 잘하는 사람이다. 시도 때도 없이 말을 많이 하는 사람이 말 잘하는 사람이 아니다. 해야 될 말과 해서는 안 될 말, 말을 해야 할 때와 해서는 안 될 때를 분별하여 말을 하는 사람은 자기 마음을 다스릴 수 있고 자기 행위를 다스릴 수 있고 세상을 다스릴 수 있다.

야고보는 말에 대해서 세 가지를 말한다. 첫째, '말을 더디 하라'고 한다(1:19). 귀에서 입으로 직행해서는 안 된다. 한 번 걸러서 말해야 한다. 누구한테 들은 말이다. 이것으로는 안 된다. 사실이 확인되어야 한다. 심지어 내가 눈으로 본 것도 불확실한 경우가 많다. 그렇지 않으면 엄청난 죄를 짓게 된다. 이 말을 할 때, 그것이 상대방에게 상처를 주는 것은 아닌가를 먼저 생각해야 한다. 상대방에게 덕(德)이 되는 말을 해야 한다. 다른 사람이 해야 할 말을 내가 하고 있는 것은 아닌가? 하나님이 해야 할 말을 내가 하는 경우도 있다. 내가 하나님이 되어 상대방을 심판하는 것이다. 여기에 실수가 있다.

둘째로 야고보는 "혀를 재갈 물리라"고 한다(1:26). 군자는 행동으로 말하지만, 소인은 혓바닥으로 말한다. 평생 쌓아 놓은 선행이 말 한 마디 실수로 하루아침에 물거품이 되는 경우가 허다하다. 모름지기 자신의 혀를 제어해야 할 것이다.

셋째로 "심판을 받을 사람처럼 말을 하라"고 한다(2:12). 헬라인들은 말속에 주술적인 능력이 있다고 생각하였다. 말로 그 사람을 풀어 주기도 하고 얽어매기도 한다는 것이다. 히브리인들은 말속에는 축복과 저주가 들어 있다고 생각하였다. 말은 그대로 된다. 말이 씨가 된다. 항상 말을 가려서 하고, 신앙적으로 말을 해야 한다. 사람에게 하는 말이지만, 하나님께서 그것을 들으신다. 그리고 그대로 행하신다.

3절에서 야고보는 말을 재갈에 비유한다. 말이 아무리 사나워도, 일단 입에 재갈을 물려 놓으면 잡아끄는 대로 움직인다. 그 사람의 말은 인격을 나타낸다. 4절에서 말은 배의 키에 비유된다. 아무리 큰 배도 작은 키에 의해서 움직인다.

여기에서는 작은 재갈과 몸집이 큰 말 그리고 작은 키와 큰 배가 대조되고 있다. 작은 것으로 큰 것을 그리고 약한 것으로 힘센 것을 다스린다. 말 자체는 작은 것이고 약한 것이다. 이와 같이 혀도 작은 것이다. 그럼에도 불구하고 그것은 큰 것을 자랑한다. 혀는 비록 작은 지체에 불과하지만, 그것이 몸 전체를 제어할 수 있기 때문이다. 그러나 작은 혀가 큰 것을 자랑함으로써, 몸 전체를 파멸로 몰아갈 수도 있다.

"보라, 어떻게 작은 불이 많은 숲을 태우는가?" 불에 해당하는 헬라어 '퓨르'(pyr)는 인간의 격정과 정욕의 강렬함을 나타낸다. '아주 작은 불씨'(헬리콘 푸르)가 나중에 '큰 숲'(헬리켄 휠렌)을 불살라 버리는 결과를 초래한다. 헬리켄 휠렌은 여름의 건조기에 순식간에 타 버릴 수 있는 팔레스티나 지역의 관목(灌木)을 염두에 두고 있다. 사람이 혀를 제어하지 못할 경우, 그것이 나중에 엄청난 재앙을 초래한다는 격언은 구약의 지혜문학 전통에서 자주 등장한다(잠26:21; 시39; 집회서28:22).

6절에서 혀는 불이요, 불의의 세계라고 말한다. 혀는 마치 불처럼 인간을 순식간에 파멸로 인도할 수 있지만, 다른 한편 그 혀는 '불의의 세계'(ho kosmos tes adikias)라는 것이다. 여기에서는 코스모스의 속성(屬性)이 불의(不義)로 규정되고 있음을 볼 수 있다. 우리가 살고 있는 세상을 불의가 지배하는 것으로 성격화하는 것은 특히 요한복음에서 자주 나타난다. 참빛, 그로 말미암아 코스모스가 지은 바 되었으나 코스모스가 그를 알지 못하였고, 그가 자기 땅에 왔으나 그의 백성이 그를 영접하지도 아니했다(요1:9). 빛이 코스모스에 왔으나 사람들이 자기 행위가 악함으로 빛보다 어두움을 더 사랑하였다(요3:19). 코스모스는 악(惡)과 어두움에 지배당하고 있다는 것이다. 혀는 거짓말과 비방, 허위와 기만을 일삼음으로써 교회 공동체의 평화와 안전을 파괴한다. 이 점에서 악의 세계이며, 불의의 세계와 동일한 의미를 지닌다.

혀가 지니는 재앙과 파멸의 위험성은 다음에 이어지는 문장에서 더욱 강하게 표현된다. 첫째로 혀는 온몸을 더럽힌다. 온몸을 더럽히기 때문에, 혀는 불의의 세계에 속한다. 혀는 온몸을 제어하는 것이 아니다. 오히려 그 반대이다.

둘째로 혀는 '생의 바퀴를 불살라 버린다.' '생의 바퀴'(ho trochos tes geneseos)는 무엇을 뜻하는가? '트로코스'(trochos)는 수레바퀴를 지칭하는데, 불교의 윤회사상과 연관성이 있다. '게네시스'(genesis)는 생성을 뜻한다. 따라서 '호 트로코스 테스 게네세오스'는 '생의 바퀴'보다는 '생성의 수레바퀴'로 번역하는 것이 더 좋다. 세계에는 하나의 수레바퀴가 존재한다. 오늘 부유하다고 해서 반드시 내일도 그러한 것은 아니다. 오늘 불행하다고 해서 반드시 내일도 불행한 것은 아니다. 운명의 수레바퀴는 돌고 돌아 행복한 사람을 불행으로 그리고 불행한 사람을 행복으로 인도한다. 부유한 사람을 아래로 그리고 가난한 사람을 위로 들어올린다. 행과 불행, 부유함과 가난함을 포함하여 인간의 모든 운명을 야고보는 생성의 수레바퀴로 표현하고 있다. 혀는 인간의 운명 전체를 송두리째 파멸로 이끌게 될 것이다. 혀는 돌고 도는 인간의 운명 전체를 파멸로 이끌 뿐 아니라, 필경 스스로도 지옥으로부터 올라오는 불에 타 버리게 될 것이다.

혀는 불처럼 인간을 순식간에 파멸의 구렁텅이로 빠져들게 할 수 있다. 인간은 말하는 대로 된다. 말하는 대로 인격이 되고, 생활이 되고, 운명이 된다.

제17강 축복과 저주

　"들짐승과 새와 기는 짐승과 바다의 생물들은 어떤 종류든지, 모두 인류가 길들여서 다스리고 있습니다. (8) 그러나 사람의 혀는 누구나 길들일 수 없습니다. 혀는 걷잡을 수 없는 악이요, 죽음에 이르게 하는 독으로 가득 찬 것입니다. (9) 우리는 이 혀로 주 아버지를 찬양하기도 하고, 또 이 혀로 하나님의 형상대로 지으심을 받은 삶들을 저주하기도 합니다. (10) 또 같은 입에서 찬양도 나오고, 저주도 나옵니다. 나의 형제자매 여러분, 이래서는 안 됩니다. (11) 샘이 한 구멍에서 단물과 쓴 물을 낼 수 있겠습니까? (12) 나의 형제자매 여러분, 무화과나무가 올리브 열매를 맺거나, 포도나무가 무화과 열매를 맺을 수 있겠습니까? 짠 샘이 단물을 낼 수 없습니다."(3:7－12)

　본문에서 야고보는 우리에게 창세기 창조신학을 상기시킨다. "하나님이 가라사대, 우리의 형상을 따라 우리의 모양대로 우리가 사람을 만들고 그로 하여금 바다의 고기와 공중의 새와 육축과 온 땅과 땅에 기는 모든 것을 다스리게 하시고……"(창1:24) "하나님이…… 그들(인간)에게 이르시되, 생육하고 번성하여 땅에 충만하라, 땅을 정복하라, 바다의 고기와 공중의 새와 땅에 움직이는 모든 생물을

다스리라 하시니라."(창1:28)

　사람은 짐승을 길들일 줄 안다. 길들여서 짐승더러 가라 하면 가고, 오라 하면 오게 할 수 있다. 앉힐 수도 있고, 서게 할 수도 있다. 심부름도 시키고 재롱도 피우게 할 수 있다. 그러나 내 작은 입속에 있는 세 치 혀를 길들인다는 것은 쉽지 않다. 혀 하나를 길들이지 못해서, 안 해야 될 말을 불쑥 내뱉어 놓고 아차 하지만, 그때는 이미 늦다. 그리하여 본인에게는 물론 다른 사람에게까지 화를 자초한다. '혀를 길들인다'는 것은 무의식중에 한 말에 대해서 책임을 지라는 것이다.

　동물은 반사적(反射的)으로 산다(reaction). 그러나 인간은 응답적(應答的)으로 산다(response). 개의 꼬리를 밟아 보라. 깨갱 하고 소리치며 반사적으로 덤벼든다. 그런데 사람은 어떤가? 깜짝 놀랄 정도로 아프다. 이럴 때 반사적으로 한 대 먹이면, 그 사람은 개와 같은 수준의 존재밖에 못 된다. 아프지만, 즉각적으로 반응하지 않고, 한 번 더 생각하고 나서 반응한다.

　우리가 반응을 보일 때는 사전에 생각할 점이 있다. 첫째는 내가 말하려는 것이 객관적 사실에 근거한 것인가를 한 번 생각해야 한다. 남에게서 들었다고 해서, 곧바로 반응을 보이면 실수하기 십상이다. 귀에서 입으로 직행해서는 안 된다. 반드시 한 번 걸러야 한다. 둘째로 내가 하는 말이 덕(德)을 끼치는가 아니면 해(害)를 끼치는가를 먼저 물어야 한다. 그 말이 상대방과 교회 공동체에게 두루 유익하다고 판단될 때 해야 한다. 셋째로 그 말이 파급되는 효과를 먼저 생각해야 한다. 내가 무심코 한 말이 많은 사람에게 퍼져 나갈 때 어떠한 영향을 끼치게 될 것인가? 특히 교회나 사회의 지도층에 있는 사람일수록 더 영향력을 끼치게 된다. 신중하게 말을 해야 할 것이다. 넷째로 이 말은 과연 내가 할 말인가를 생각해야 한다. 다른 사람이 할 일인가, 아니면 내가 할 일인가를 현명하게 분별하여야 한다. 더욱이 하나님이 하실 일에 대해서, 내가 주제넘게 나서는 일은 없어야 할 것이다. 다섯째, 내가 하는 말에 내가 책임질 수 있는가를 생각해야 한다. 특히 하나님 앞에서 내 말에 철저히 책임져야 한다.

아무리 지식이 많은 사람이라도, 혀를 제대로 다스리지 못하면 야만이다. 감정 주도로 혀를 움직여서는 안 된다. 지(知)·정(情)·의(意) 세 요소가 함께 작용해서 합리적으로 심사숙고하고, 도덕적으로 판단한 다음, 차근차근 말이 나온다면 혀가 길들여졌다고 말할 수 있을 것이다.

놀라운 것은 지상의 모든 짐승을 길들여 온 인간이 자기 자신 속에 있는 지극히 작은 지체인 혀를 길들일 수 없다는 것이다. 인간이 자연을 지배하고 있지만, 정작 세 치 혀를 제어(制御)하기란 쉽지 않다. 혀는 걷잡을 수 없는 악이요, 영원히 길들일 수 없는 악(惡)이다. 억제될 수 없는 악으로서의 혀는 곧 불의(不義)의 세계라는 것이다. 마치 독사의 날름거리는 혀처럼, 인간의 혀는 죽음에 이르게 하는 독(毒)으로 가득 차 있다.

그 혀로 우리는 주이신 아버지를 찬양한다. 그 동일한 혀로 우리는 하나님의 모습대로 지음을 받은 인간을 저주한다. 유대교 문헌에는 혀의 이중성을 다음과 같이 말한다. "하나님께서 사람이 다스릴 수 없는 지체 셋을 창조하셨다. 손과 입과 발이 그것이다. 입을 보아라. 우리가 입으로 율법을 연구하고, 입으로 선한 것을 말하며, 입으로 찬양하고 기도한다. 우리는 동일한 입으로 나쁜 것을 말하고, 남을 헐뜯으며, 찬양하고 기도한다.” 한 입에서 저주와 찬양이 나온다.

사람의 말은 축복과 저주의 양면성이 있다. 입으로 망한다, 망한다 하면 실제로 망한다. 입으로 복을 빌면, 실제로 복을 받는다. 은혜를 빌면 은혜로워진다. 말은 에너지의 일종이다. 긍정적인 말을 하면, 긍정적인 에너지가 마음을 긍정적인 방향으로 움직인다. 부정적인 말을 하면, 부정적인 에너지가 마음을 부정적인 방향으로 움직인다.

야고보는 혀를 잘못 놀림으로써 초래할 수 있는 여러 가지 재앙들을 열거한 다음, 그리스도교인이 이러한 재앙을 초래하지 않도록 조심할 것을 권고한다.

11~12절에서는 자연현상을 예로 든다. 샘이 한 구멍으로 단물과 쓴 물을 낼 수 없다는 것이다. 어찌 무화과나무가 감람나무 열매를 그리고 포도나무가 무화과를 맺겠는가? 그럴 수 없음은 자연의 법칙이다. 이 말씀은 예수의 비유말씀을 연상시킨다. “그의 열매로 그들을 알지니, 가시나무에서 포도를 또는 엉겅퀴에서 무화과를 따겠느냐. 이와 같이 좋은 나무마다 아름다운 열매를 맺고, 못된 나무가 나쁜 열매를 맺나니, 좋은 나무가 나쁜 열매를 맺을 수 없고, 못된 나무가 아름다운 열매를 맺을 수 없느니라.”(마6:17-18) 이와 같이 짠물이 단물을 내지 못한다는 것이다.

그러나 우리는 자연계에서는 도저히 있을 수 없는 이러한 일들을 놀랍게도 혀로 자행(自行)한다. 한 입으로 찬송도 하고 저주도 하는 것은 마치, 한 샘에서 단물도 내고 쓴 물도 내는 것과 같다. 무화과나무가 감람나무 열매를 맺고, 포도나무가 무화과 열매를 맺는 것과 같다. 베드로는 모든 사람이 다 예수를 버려도 자기만은 절대로 버리지 않겠다고 맹세했다(마26:33). 그러나 조금 지나서 그는 동일한 혀로 자기는 예수를 도무지 모른다고 세 번씩이나 예수를 부인했다 (마26:69 - 75).

인간의 본성(本性)이 선(善)한 것인가, 아니면 악(惡)한 것인가? 중국의 철인 맹자는 성선설(性善說)을 주창했다. 인간의 마음 안에는 본래 '잘 알 수 있는 양지(良知)'와 본래 '잘 할 수 있는 능력인 양능(良能)'이 갖추어져 있기 때문에, 인간의 마음은 본래 선하다는 것이다. 마치 물이 낮은 곳으로 흐르는 것과 같이, 사람의 본성은 선하기 때문에 누구나 성인(聖人)이 될 수 있다는 것이다. 한 걸음 더 나아가 왕양명은 "마음이 곧 이치(理致)"라고 선언하여 인간의 마음 자체에 대한 절대 신뢰를 주장하였다. 이러한 양명학(陽明學)의 가르침은 인간의 마음 가운데 우주의 이치와 일치하는 성리(性理)만을 선별하여 신뢰할 수 있다고 보았던 주자학(朱子學)의 가르침에 대한 저항으로 등장하였음을 알 수 있다.

이와 달리 순자는 성악설(性惡說)을 주창하였다. 그에 따르면 인간의 본성은 원래 악한 것이다. 선이라고 하는 것은 인위적인 노력에 의한 것이다. 사람은 나면서부터 욕망을 가지고 있어서, 이익을 좋아하는 성질이 있고, 이것을 그대로 따르기 때문에 서로 다투게 된다. 다투면 사회가 어지러워지고, 사회는 막다른 골목으로 치닫게 된다. 이러한 인간의 악한 본성(本性)을 바로잡기 위해서 예의(禮義)가 필요하다. 예의(禮義)의 법도가 있어야 남에게 사양할 줄 알고 사회의 질서를 지킬 줄도 알아 세상의 평화가 유지될 것이라고 한다. 순자는 예와 의를 복원함으로써 이상사회를 건설하려고 하였다.

바울의 사상도 큰 지평에서 보면 성악설에 가깝다고 볼 수 있다. 그는 로마교회 성도들에게 말한다. "내가 원하는 바 선은 행하지 아니하고 악을 행한다. 곧 선을 행하기를 원하는 나에게 악이 함께 있다.”(롬7:19-21) 인간 속에는 선(善)과 악(惡)이 함께 존재한다는 것이다. 둘이 갈등하고 싸운다. 그러나 바울의 해결책은 순자의 그것과 다르다. 예(禮)와 의(義)를 내세우지 않는다. 하나님의 은혜가 더 크다. 죄가 많은 곳에서 바울은 하나님의 은혜가 더 넘치게 됨을 경험한다. 바울은 악(惡) 너머에서 작용하는 선(善)을 보고, 그리고 죄(罪)가 많은 곳에서 하나님의 은혜(恩惠)가 넘침을 본다.

모름지기 내 안에 있는 악을 인정할 줄 알아야 한다. 기피하거나 변명해서는 안 된다. 인정할 것은 인정하고, 다시 돌아가서 회개를 해야 한다. 그러할 때 한 샘에서 단물만 나오는 은혜를 체험하는 생활을 할 수 있을 것이다.

내 속을 들여다보면 나는 어디까지나 죄인이다. 그러나 십자가를 바라다보면 나는 의로운 삶이 된다. 십자가의 공로로 의롭다 인정을 받았기 때문이다. 내가 죄인이라는 것을 인정해야 한다. 그래야 회개하게 되고, 십자가 은혜를 체험할 수 있게 된다.

제18강 하늘로부터 오는 지혜

"여러분 가운데서 지혜 있고 이해력이 있는 사람은 누구입니까? 그러한 사람은 착한 생활을 해서, 지혜에서 오는 온유함으로 그 행함을 나타내십시오. (14) 여러분 마음속에 지독한 시기심과 파당심이 있거든, 여러분은 헛되이 자랑하지 말고, 진리를 거슬러 속이지 마십시오. (15) 이것은 위에서 내려오는 지혜가 아니라, 세속적이고 육욕적이고 악마적인 것입니다. (16) 시기심과 파당심이 있는 곳에는 혼란과 온갖 더러운 행실이 있기 때문입니다. (17) 그러나 위에서 오는 지혜는 먼저 순결하고, 다음으로 평화스럽고, 친절하고, 온순하고, 자비와 선한 열매가 풍성하고, 편견과 위선이 없습니다. (18) 정의의 열매는 평화를 이룩하는 사람이 평화를 위해서 그 씨를 뿌려서 거두어들이는 열매입니다."(3:13 - 18)

앞 문장에서 교회 공동체에서 가르치기를 좋아하는 사람들에게 혀가 가지는 악마적 특성을 부각시킴으로써, 그들에게 경각심을 불러일으키고 있다면, 본문에서 야고보는 지혜를 주제로 내세운다. 원래 가르치는 일을 전문으로 하는 선생은 지식과 지혜와 불가분의 관계를 가진다. 특히 후기 유대교에서는 라삐를 현인(賢人), 곧 지혜자라고 불렀다. 교회 공동체에서 선생은 세상적인 지혜를 가르쳐서는 안 된다. 하늘로부터 오는 지혜를 가르쳐야 한다. 야고보 교회에는 선생을 자처하면서, 세상적인 지혜를 자랑하는 사람들이 있었다. 자칭 선생들은 교회 내에서 파당(派黨)을 짓고, 공동체의 평화(平和)를 파괴하였다.

우리는 참된 지혜와 거짓 지혜, 곧 위로부터 오는 지혜와 아래로부터 오는 지혜를 구별할 줄 아는 안목(眼目)을 키워야 한다. 참된 지혜를 소유하고 있는 사람은 사물을 올바르게 보고, 올바르게 인식하며, 올바르게 행동한다. 참된 지혜와 거짓 지혜를 구별하는 데 있어서, 우리는 몇 가지 유의하지 않으면 안 된다.

첫째는 그 사람의 행동을 보면 알 수 있다. 말이 아니다. 옳고 그름은 그 사람의 행동을 보면 알 수 있다. 선을 행하느냐, 아니면 악을 행하느냐? 참된 지혜는 선한 말이나 논리에서 드러나지 않는다. 구체적인 행동을 통해서 드러난다. 그것이 참된 지혜를 소유하고 있느냐, 아니면 거짓 지혜를 소유하고 있느냐를 결정한다.

둘째, 참된 지혜는 자기 자신을 자랑하거나 드러내는 데서가 아니라, 온유함과 겸손함 가운데서 나타난다. 오만함과 교만함 그리고 자기 자랑은 참된 지혜와 거리가 멀다. 온유하고 겸손함을 유지할 때, 우리는 사물에 대해서 공정하고 객관적인 판단을 내릴 수 있다. 참된 지혜는 온유와 겸손으로 나타나고, 온유와 겸손은 참된 지혜를 낳는다. 사람을 알아보는 방법에 두 가지가 있다. 그 하나는 돈을 주어 보는 것이다. 그 돈을 어떻게 쓰는지를 보면, 그의 사람됨을 알 수 있다. 다른 하나는 칭찬을 해 보는 것이다. 칭찬을 받고 기고만장하는 사람은 보잘것없는 사람이다. 칭찬을 받을수록 겸손해지고 고

개를 숙이는 사람은 성숙한 사람이다. 어느 날 한 늙은 학자가 강을 건너게 되었다. 젊은 사공이 배를 젓고 있었다. 그 학자가 사공에게 물었다. "자네 장가를 갔는가?" "못 갔습니다." 그러자 학자가 다시 물었다. "그러면 철학을 아는가?" "제가 철학이 무언지 어떻게 알겠습니까?" "그런가, 자네는 인생의 4분의 1을 잃어버렸구먼. 그럼 지리학은 아는가?" "모릅니다." "그러면 자네는 인생의 절반을 잃어버렸구먼." 그때였다. 강풍이 휘몰아쳐, 배가 강 한가운데서 뒤집히고 말았다. 둘 다 물에 빠졌다. 그 학자가 허우적거리며 살려 달라고 애원하였다. 사공이 물었다. "헤엄칠 줄 아십니까?" 그 학자가 대답하였다. "모르네." 그러자 사공이 말했다. "당신은 인생의 전부를 잃어버렸습니다."

셋째, 시기와 다툼은 세상적인 지혜에서 온다. 곧 거짓 지혜가 있는 곳에는 악한 일들이 생기고, 언제나 시기와 다툼이 따라온다. 세상적인 지혜는 더할수록 목이 굳어진다. 남을 멸시한다. 스스로 교만하고 남을 멸시한다. 진리를 거스르는 지혜는 세속적(世俗的)이고, 육욕적(肉慾的)이며, 악마적(惡魔的)이다.

유대인들은 참지혜는 위에서 온다고 생각했다. 하나님의 뜻을 좇아 살고자 할 때, 하나님께서 선물로 주시는 은사(恩賜)가 참지혜이다. 구약성서에서 말하는 '지혜'(hokma)는 하나님의 능력이며, 전능자의 도구이다.

야고보는 이 호크마를 여덟 가지 개념으로 성격화한다. 첫째, 하늘의 지혜는 '성결'(hagnos)이다. '하그노스'는 본래 하나님의 속성(屬性)이다. 이것은 신체적 순결과 아울러 도덕적 순결함도 포함하는 개념이다. 하나님 앞에 떳떳하게 나아갈 수 있는 인격 전체의 순진

무구함이 성결(聖潔)이다.

둘째, 하늘의 호크마는 '평화'(eirene)이다. '에이레네'는 구약의 '샬롬'(shalom)에 상응하는 데, 그것은 본래 올바른 관계(關係)를 나타내는 개념이다. 나와 하나님, 나와 나, 나와 이웃, 나와 창조세계 사이의 올바른 관계가 파괴된 상태가 죄(罪)이다. 관계가 파괴되면 평화가 있을 수 없다. 잘못된 관계를 바로잡는 일이 평화를 세우는 일이다. 하늘의 지혜는 왜곡된 관계를 바로잡는다.

셋째, 하늘의 지혜는 '관용'(epieikes)이다. '에피에이케스'는 나보다 남을 먼저 배려하는 마음이다. 그것은 자기중심주의나 이기주의에 반대되는 개념이다. 관용(寬容)은 공평(公平)과 의(義)를 지향(志向)하지만, 넓은 도량을 가지고 심판보다는 자비(慈悲)를 먼저 생각하는 너그러운 지혜를 말한다. 친절이 곧 에피에이케스이다.

넷째, 하늘의 지혜는 '온순'(yupeites)이다. '유페이테스'는 하나님에 대하여 항상 순종하는 자세를 뜻한다. 자기주장을 고집하거나 앞세우지 않고, 타자(他者)에 귀를 기울이고, 타자(他者)에 대하여 수용적(受容的)인 자세 또한 양순(良順)에 속한다. 자기 개방적인 사람일수록 온순(溫順)하다.

다섯째, 하늘의 지혜는 '자비(eleos)와 의의 열매(karpos dikaiosynes)'이다. '엘레오스'는 본래 부당하게 고난을 당하는 사람에 대한 연민(憐憫)의 정(情)을 뜻한다. 여기에서 연민의 정은 물론 심리적 현상 이상이다. 그것은 이웃에 대한 자비의 실천을 포함한다. 의의 열매를 맺지 않는 자비는 진정한 자비라고 할 수 없다. 예수는 우리에게 "하늘에 계신 아버지께서 자비하신 것같이, 너희도 자비로운 사람이 되어라"고 한다 (눅6:36).

여섯째, 하늘의 지혜는 '편견이 없다'(adiakritos). 한쪽에 치우침이 없다. '아디아크리토스'는 원래 여러 사람 가운데 특별히 한 사람을 지목하여 의심하지 않는 것을 말한다. 분파이기주의(分派利己主義)나 집단이기주의(集團利己主義)에 사로잡히거나, 사물을 보는 데 시각이 한쪽에 치우쳐서는 안 된다. 언제나 매사(每事)에 공명정대(公明正大)함을 유지해야 한다.

일곱째, 하늘의 지혜는 '거짓이 없다'(anupokritos). '아누포크리토스'는 자기의 목적(目的)을 이루기 위해서 타인(他人)을 속이거나 거짓말을 하지 않는 것을 뜻한다. 위선(僞善)이 없는 것, 항상 그러하고 변함이 없는 것, 어떤 상황에서도 흔들리지 않고 자기 정체성(自己 正體性)을 유지하는 것이 하늘의 지혜이다.

마지막으로 하늘의 지혜는 정의(正義)의 열매요, 평화(平和)의 열매이다. 하나님의 평화(shalom)는 정의(zedeka)의 열매이다. 사람과 사람 사이에 올바른 관계, 곧 정의로운 관계를 세움으로써, 진정한 평화가 수립(樹立)된다. 분쟁, 시기, 질투, 다툼이 있는 곳에는 결코 진정한 평화가 있을 수 없다. 샬롬과 체데카는 하늘의 호크마가 지니는 두 날개에 해당한다. 그리스도교인은 항상 평화의 씨를 뿌리고 의의 열매를 거두어들여야 한다. 선을 행하되 낙심하지 않고 꾸준히 행함으로써, 정의와 평화의 열매를 맺는 삶을 살아야 할 것이다.

하늘 지혜의 뿌리는 하나님에게 있다. 창조주 하나님을 알고, 그분을 경외하는 것이야말로 지혜(호크마)의 근본임을 알아야 할 것이다(욥28:28).

제19강 잘못 구함

"무엇 때문에 여러분 가운데 싸움이나 분쟁이 일어납니까? 그것은 여러분 지체들 안에서 싸우고 있는 육욕에서 생기는 것이 아닙니까? (2) 여러분은 욕심을 부려도 얻지 못하면, 살인을 하고, 탐내어도 가지지 못하면, 다투고 싸웁니다. 여러분이 얻지 못하는 것은 구하지 않기 때문이요, (3) 구하여도 얻지 못하는 것은 자기가 쾌락을 누리는 데다가 쓰려고 잘못 구하기 때문입니다. (4) 간음하는 사람들이여, 세상 사람과 벗함이 하나님과 등지는 일임을 알지 못합니까? 누구든지, 세상의 친구가 되려는 사람은, 하나님의 원수가 되는 것입니다. (5) '하나님께서는 우리 속에 살게 하신 그 영을, 질투하실 정도로 그리워하신다' 한 성경 말씀을 여러분은 헛된 것으로 생각하십니까? (6) 그러나 하나님께서는 더 큰 은혜를 주십니다. 그러므로 성경에 이르기를 '하나님께서는 교만한 자들을 물리치시고, 겸손한 사람들에게 은혜를 주신다' 합니다. (7) 그러므로 하나님께 복종하고, 악마를 물리치십시오. 그러면 악마는 달아날 것입니다."(4:1-7)

야고보는 3장에서 선생들의 무분별한 혀 놀림이 교회 공동체의 평화와 질서를 해친다는 사실을 각성(覺醒)시키고, 하늘에서 내려온 지혜(호크마)에 합당한 삶을 살아갈 것을 권유(勸誘)한다. 그러면 공동체의 평화를 해치고 분열을 조장하는 일이 어디에서 유래하는가? 4장에서는 이 문제에 대해서 집중적으로 다룬다.

공동체 안의 싸움과 다툼이 어디에서 나오는가를 묻는 질문으로 본문은 시작한다. '싸움'으로 번역된 '폴레모스'(polemos)는 원래 적을 무찌르기 위해서 무기를 가지고 공격하는 전쟁을 의미한다. '다툼'으로 번역된 '마케'(mache)는 개인들 사이의 사사로운 반목(反目)이나 갈등을 의미한다. 폴레모스가 집단 간의 싸움을 말한다면, 마케는 개인 간의 싸움을 지칭한다. 야고보는 여기에서 제2장에서 거론한 선생들에 의해서 야기된 분쟁이나 분열을 염두에 두고 있음이 틀림없다.

그러한 싸움과 분쟁은 어디에서 유래하는 것인가? 야고보는 그 원인을 추궁하고 있다. 그리고 한마디로 결론을 맺는다. 너희 지체 중에서 싸우고 있는 '육욕'(hedone)에서 생기는 것이 아닌가? '헤도네'(hedone)는 헬라세계에서 인간의 본질을 설명하는 개념 가운데 하나로서 가치중립적이다. 인간은 항상 '무엇을 향해' 있다. 지향성(指向性), 곧 욕(欲)의 존재이다. 향존(向存)은 인간의 존재양식이다. 헤도네는 한편으로 식욕(食慾), 색욕(色慾), 물욕(物慾), 탐욕(貪慾)을 포함해서 인간의 생물학적 욕구를 총칭하며, 다른 한편으로 시기, 질투, 자기자랑, 명예욕, 자만심(自慢心)을 포함한 인간의 내면적인 욕구의 세계를 나타내기도 한다.

이러한 헤도네는 인간의 본성(本性)과 연관성이 있는 성정(性情)인데, 그것은 집단 간의 전쟁 그리고 개인 간의 불화 원인이 되기도 한다. 교회 공동체를 분열시키는 근원을 야고보는 외부(外部) 환경에서 찾지 않는다. 돈이 없거나, 배가 고파서 범죄가 성행하는 것은 아니다. 남보다 더 소유하고자 하는 탐욕(貪慾), 이런 것이 우리 사회의 비리, 부정, 부패의 요인이 된다. 인간의 내면에 깃들어 있는 육욕들이 교회 공동체의 분열을 조장하는 요소라는 것이다.

형제간에 유산 문제로 싸우다가 예수께 와서 해결해 줄 것을 요청하자, 예수는 말한다. "삼가 모든 탐심을 물리치라. 사람의 생명이 그 소유의 넉넉한 데 있지 아니하다."(눅12:15) 예수는 여러 말을 하지 않는다. 사람의 생명은 단순히 물질적 소유에서 주어지지 않는다. 탐욕을 버리고, 마음을 비우는 삶을 살라고 한다. 자족하는 방법을 터득하라고 한다. 공동체의 평화를 원한다면, 그 길밖에 없다는 것이다.

2절에서 여러분이 얻지 못하는 것은 무엇 때문이라고 말하는가? 구하지 않기 때문이라고 한다. 곧 기도하지 않았기 때문이다. 구하여도 받지 못하는 것은 왜 그런가? 3절에 따르면 정욕(情欲)을 위해서 쓰려고 잘못 구하기 때문이라고 한다. 기도를 하기는 했는데, 잘못 구했기 때문이다.

우리는 어떠한 자세로 기도를 해야 하는가? 첫째로, 하나님 중심으로, 그리스도 중심으로 기도해야 한다. 자기중심으로 해서는 안 된다. 내 이익을 먼저 생각하고 나 위주로 기도해서는 안 된다. 둘째로 기도할 때에는 하나님의 뜻이 무엇이고, 하나님의 뜻이 어디 있는가를 먼저 살펴야 한다. 하나님의 뜻을 묻지 않고, 자기 고집만 내세우는 기도를 해서는 안 된다. 셋째로, 기도할 때 하나님의 뜻을 내 뜻에 맞추려고 해서는 안 된다. 반대로 내 뜻을 하나님의 뜻에 맞추어야 한다. 하나님의 뜻이 그렇지 않다면, 마땅히 내 뜻을 포기해야 한다. 겟세마네 동산에서 예수께서 어떻게 기도하셨는가? "아버지여, 만일 아버지의 뜻이면, 이 잔을 내게서 거두어 주십시오. 그러나 내

뜻대로 되게 하지 마시고, 아버지의 뜻대로 되게 하십시오.”(눅22:42)
예수의 십자가 처형은 무엇인가? 이러한 기도의 응답(response)이다.
넷째로, 자기를 변화시키는 기도를 해야 한다. 하나님의 뜻을 살피는
기도를 하게 되면, 내 뜻이 변화된다. 얻으려고 했던 마음이 기도하
면 주는 마음으로 바뀌게 된다. 상대방을 미워하던 마음이 사랑하는
마음으로 바뀌고, 남을 변화되게 해 달라고 하던 기도가 아니라, 내
자신이 변하게 해 달라고 기도한다. 다섯째로, 기도는 하나님과의 영
적인 대화이다. 대화란 독백(獨白)과 다르다. 기도는 일방통행이 아
니라 쌍방통행으로 해야 한다. 나도 아뢰고, 하나님의 말씀도 들어야
한다. 듣는 시간과 말하는 시간이 필요하다. 반 시간 기도하면, 반
시간 하나님 말씀을 들어야 한다. 한 시간 기도하면, 한 시간 성경을
읽어야 한다. 언제나 하나님 말씀을 들을 수 있는 귀를 열어 놓고
기도를 해야 한다. 자기 소원과 자기 욕심만 토로한 다음 ‘아멘’ 하
고 가 버리는 기도는 문제가 있다.

오늘 본문에서는 구하여도 받지 못하는 것은 정욕으로 쓰려고 잘
못 구함에서 기인한다고 한다. 기도가 정욕에서 비롯되면 응답이 없
다고 가르친다. 분한 마음, 억울한 마음, 미워하고 시기하는 마음을
그대로 가지고 기도가 되지 않는다. 기도를 해도 응답을 받지 못한
다. 정욕이 무엇인가? 육체적인 욕망과 세속적인 욕망을 말한다. 자
기 이익과 자기 안일만을 앞세우는 것이다. 정욕은 현재의 이해관계에
집착하는 것이다. 미래는 아랑곳하지 않고 현재에 매어 있는 마음이
정욕이다. 이러한 정욕에 매이게 되면 기도의 응답을 받을 수 없다.

사람의 마음속에 번민이 있다. 싸움과 전쟁이 있다. 그 원인은 욕
심 때문이다. 이러한 욕심에 매이게 되는 것은 기도를 바르게 하지

않아서인데, 기도를 해도 응답을 얻지 못하는 것은 정욕으로 쓰려고 잘못 기도하기 때문이다.

4절에서는 간음하는 여인(moichalides)에 관해서 훈계한다. 여기에서 '모이칼리데스'는 문자적 의미보다는 상징적 의미를 지닌다. 구약에서는 하나님과 이스라엘 사이의 계약을 바탕으로 한 신뢰관계가 파기되었을 때 흔히 이 개념이 사용되었다. "내게 배역한 이스라엘이 간음을 행하였음으로 내가 그를 내쫓고 이혼서까지 주었으되, 그 패역한 자매 유다가 두려워 아니하고 자기도 가서 행음함을 내가 보았노라. 그가 돌과 나무로 더불어 행음함을 가볍게 여기고 행음하여 이 땅을 더럽혔거늘……"(렘3:3 - 9)

"세상 사람과 벗함이 하나님과 등지는 일임을 알지 못하는가?" 이 세상을 사랑하는 것은 곧 하나님에 대하여 대적하는 행위를 뜻한다. 야고보는 그리스도교인의 실존을 '세계'(kosmos)와 '하나님'(theos) 사이의 결단(決斷)으로 이해한다. '이것도, 저것도'(both A and B)가 아니다. '이것이냐, 저것이냐'(either A or B)이다. 예수께서도 말씀하신다. "한 사람이 두 주인을 섬기지 못할 것이니, 혹 이를 미워하며 저를 사랑하거나, 혹 이를 중히 여기며 저를 경히 여김이라. 너희가 하나님과 재물(맘몬)을 겸하여 섬길 수 없다"(마6:24)고 하셨다.

5절에서 야고보는 "성경말씀을 여러분은 헛된 것으로 생각하느냐?"고 반문한다. 이 질문 속에는 이미 답변이 들어있다. 결코 그렇지 않다는 것이다. 성경이 말하는 바는 무엇이든지 정당성을 지니고 있다는 것이 이 질문 속에 내포되어 있다. 어떤 성경말씀인가? "하나님께서는 우리 속에 살게 하신 그 영이, 질투하실 정도로 그리워하신다"는 성경말씀이다. 여기에서 '그 영'(to pneuma)은 무엇을 뜻하는가? 창세기에 보면 하나님께서는 흙으로 인간을 빚어 만드시고, '생기'(ruach)를 코에 불어넣으니 인간이 생령(生靈)이 되었다(창 2:17). 생명의 기운인 '니솨마'(nishama)는 본래 하나님의 속성인데, 그것은 인간을 다른 피조물과 구분하는 유일한 잣대이다.

하나님께서 '그 영'(ho pneuma)을 우리 가운데 보내 주셨다. 그 영을 질투하실 정도로 하나님은 애타게 그리워하신다. 질투하시는 하나님에 대한 표상은 구약성서에서 나타나는데, 특히 우상숭배와 연관성 속에서 그렇다. "너는 나 외에는 다른 신들을 네게 있게 말지니라. 너를 위하여 새긴 우상을 만들지 말고…… 나 여호와 하나님은 질투하는 하나님인즉……"(출20:21 – 26) 하나님은 선물로 주셔서 우리 가운데 머물게 하신 '그 영'에 대하여 질투하실 정도로 관심과 애정을 갖고 계신다.

6절에 보면, 하나님은 인간에게 '그 영'보다 '더 큰 은혜'(meizona charis)를 주신다. 하나님께서 예비하신 더 큰 은혜를 받기 위해서는 갖추어야 할 조건이 있다. 그것은 인간이 교만해서는 안 되고, 겸손(tapeinos)해야 된다는 것이다. 하나님께서 겸손한 자에게 주시고자 하는 더 큰 은혜는 무엇인가? 그것은 '믿음으로 부유하게 되는 것' (plousios en pistei)이며, '하나님 나라의 상속자'(kleronomos tes basileias) 가 되는 것이다.

제20강 낮춤과 높임

"하나님께로 가까이 가십시오. 그러면 하나님께서 가까이 오실 것입니다. 죄인들이여, 손을 깨끗이 하십시오. 두 마음을 품은 사람들이여, 마음을 순결하게 하십시오. (9) 여러분은 괴로워하십시오. 슬퍼하십시오. 우십시오. 여러분의 웃음을 슬픔으로 바꾸고 기쁨을 근심으로 바꾸십시오. (10) 주님 앞에서 스스로를 낮추십시오. 그러면 주께서 여러분을 높이실 것입니다. (11) 형제자매 여러분, 서로 비방하지 마십시오. 서로를 비방하거나, 서로를 심판하는 사람은, 율법을 비방하고 율법을 심판하는 것입니다. (12) 율법을 제정하신 분과 심판하시는 분은 오직 한 분뿐이십니다. 그분께서는 구원하실 수도 있고, 멸망시키실 수도 있습니다. 도대체 당신이 누구이기에 이웃을 심판합니까?"(4:8-12)

지난 시간에는 하나님께서 겸손한 사람에게 은혜를 주신다는 것에 관해서 살펴보았다. 겸손이야말로 하나님의 은혜를 받는 그릇이라는 것이다. 이제 야고보는 하나님에게 '가까이 가라'(engisate)고 한다. 그러면 하나님께서 가까이 오실 것이다. 하나님께 가까이 가는 것은 무엇을 뜻하는가?

첫째는 하나님께 순종하는 삶을 일컫는다. 하나님께 전적으로 의지하는 삶이 곧 하나님께 가까이 가는 삶이다. 내 생각을 버리고 하나님의 생각을 따르고, 내 뜻을 버리고 하나님의 뜻을 따르는 것이다. 이것이 하나님을 가까이하는 삶이다.

둘째로 마귀를 대적하는 것이 하나님을 가까이하는 것이다. 세상과 멀어져야 한다. 그래야 하나님과 가까워질 수 있다. 마귀와 친하면 하나님과 멀어진다.

셋째로 하나님께 가까이하려면 손을 씻어야 한다. 손을 깨끗이 하는 것은 예배자의 마음 상태를 말한다. 마음을 깨끗하게 한 후 하나님께 나아가야 한다. 시기와 질투, 원한과 증오를 품은 채로 하나님께 나아갈 수 없다. 주님은 제자들에게 당부하신다. "그러므로 네가 제단 제물을 드리려 하다가, 네 형제나 자매가 네게 원한을 품고 있는 것이 생각나거든, 너는 그 제물을 제단 앞에 놓아두고, 먼저 가서 네 형제나 자매와 화해하여라. 그런 다음에 돌아와서 제물을 드려라."(마5:23 - 24)

넷째로 하나님께 가까이 나아가기 위해서는 마음을 성결(聖潔)하게 해야 한다. 두 마음을 품은 자들은 마음을 성결하게 해야 한다. '두 마음'(dipsychoi)은 두 혼(魂)을 뜻한다. 헬라인들은 인간을 설명할 때 영(靈)과 육(肉)의 이분법을 쓰거나, 아니면 육(sarks), 영(pneuma), 혼(psyche) 삼분법을 쓴다. 이러한 헬라철학의 인간이해를 기독교 신학에서 토착화(土着化)시킨 사람이 다름 아닌 바울이다. 바울 역시 영과 육이라는 개념을 사용하고 있지만 헬라철학에서처럼 영과 육을 독립적인 실체(實體)로 파악하지 않는다. 바울은 인간을 부분적인 것의 조합(組合)으로 보는 것이 아니라 항상 '유기적인 전체'로 본다. 유기적 전체로서의 인간을 바울은 '몸'(soma)이라는 개념으로 설명한다. 몸의 구원과 몸의 부활은 바울신학의 핵심을 이룬다.

육이 없는 영이라면, 그것은 귀신이다. 또한 영이 없는 육이라면, 그것은 더 이상 인간이 아니다. 바울은 영과 육을 실체론적으로가 아니라 인간을 편의상 설명하는 하나의 방편(方便)으로 사용한다. 바울은 이분법적 의미에서 영과 육을 사용하지 않고, 윤리적인 지평에서 사용한다. 인간의 삶이 너무 육으로 치달아 세속주의에 빠져 살 때 바울은 영을 강조한다. 동시에 그리스도교인이 현실과 담을 쌓고 신앙의 테두리 안에 안주하면서 영으로 치달아 육의 생활을 소홀히 할 때, 육을 강조한다. 그리스도교인은 세상을 떠나서는 살 수 없다. 이 점에서 바울은 육을 강조한다. 인간은 세상에 살고 있으나, 세상에 속한 존재는 아니다. 어디까지나 세상과 구별된 존재이다. 이 점에서 바울은 영을 강조한다.

야고보는 '두 마음'을 품은 자는 성결해야 할 것을 말한다. 성결케 해야 한다는 것은 무엇을 뜻하는가? 그것은 '한 마음'이 되게 하는 것이다. 하나님을 사랑하는 것 같더니 어느 결에 세상을 사랑하는 사람들이 있다. 하나님과 맘몬을 겸하여 섬기는 사람이 두 마음, 곧 두 혼을 지닌 사람들이다. 두 마음을 가진 자가 손을 깨끗하게 씻는 것과 마음을 성결하게 하는 것은 상호 연관성이 있다. 하나님께 가까이 나아가기 위해서는 손과 마음을 깨끗하게 하지 않으면 안 된다. 인격 전체의 정결(淨潔)함이야말로 하나님 앞에 나아가기 위한 필수 조건이다.

다섯째로 10절에 따르면 하나님 앞에 나아가기 위해서는 주 앞에서 스스로를 낮추어야 한다. 헬라어 '타페이노'(tapeino)는 '겸손' 또는 '자기 마음을 비운 상태'를 뜻한다. 하나님은 교만한 사람을 물리치시고, 겸손한 사람에게 은혜를 베푸신다. 그러면 하나님께서 그를 높여 주실 것이다. 이러한 약속은 이미 예수의 말씀에서도 나타난다. "그러므로 누구든지 이 어린아이와 같이 자기를 낮추는 사람이 천국에서 큰 자니라."(마23:12) "누구든지 자기를 높이는 자는 낮아지고, 자기를 낮추는 자는 높아질 것이다."(마23:12) 베드로 서신을 기록한 저자도 이와 유사한 입장에서 말한다. "그러므로 하나님의 능하신 손아래서 겸손하라. 때가 되면 너희를 높이시리라."(벧전5:6)

11절에서 야고보는 "형제들아, 피차에 서로 비방하지 말라"고 한다. 우리는 쉽사리 남을 비방하거나 심판하는 일이 있다. '비방'에 해당하는 헬라어 '카타랄레인'(katalalein)은 '카타'(반대, 대립, 거스름)와 '랄레인'(말하다)의 복합명사인데, 반대적으로 말하고 악의적으로 말하며 상대방을 무시해서 말하는 것이 카타랄레인이다. 상대방을 헐뜯음으로써 자기를 높이는 것이 비방의 목적이다.

무릇 칭찬은 상대방이 없는 데서 하는 것이 덕이다. 그러나 비방은 나를 높이고 본인이 없는 자리에서 그 사람을 비난하고 음해하는 것을 말한다. 본인이 없기 때문에 변호할 기회가 주어지지 않는다. 하나님을 멀리하고 세상과 짝하는 그리스도교인에게서 나타날 수 있는 행동의 한 유형(類型)으로 야고보는 비방을 언급한다. 형제를 비방하거나 판단하는 자는 율법을 비방하고 율법을 판단하는 사람이다.

사람이 별다른 존재가 아니다. 총칼만 가지고 사람을 죽이는 것이 아니다. 말로써 사람을 죽이기도 하고 살리기도 한다. 말은 마음의 창문이다. 말을 통해서 마음이 전달된다. 말 한 마디로 마음이 움직인다. 오가는 말에서 애정이 생기고 분노가 생긴다.

이스라엘에게 하나님께서 주신 율법(nomos)은 다른 사람을 비방하는 것이 허락되지 않는다. 따라서 이웃을 비방하는 행위는 곧 율법을 주신 하나님을 비방하는 것이요, 하나님께 죄를 짓는 행위이다. 왜 그런가? 율법의 수여자는 하나님이시기 때문이다. 율법은 말한다. "원수를 갚지 말며 동포를 원망하지 말며 이웃 사랑하기를 네 몸같이 하라."(레19:18) 이웃 사랑이야말로 하나님께서 인간에게 주신 '법 중의 법'이요 최고의 법이다. 모든 법은 이 법 아래 있다. 이웃을 비방하고 헐뜯는 사람이 이웃을 자기 자신처럼 사랑할 수 없음은 자명한 이치다. 하나님께서 제정하신 율법을 지키는 대신, 그것을 가지고 다른 사람을 판단하는 사람은 자기를 '재판관'으로 내세우는 것이다.

12절에서는 입법자와 재판자는 오직 '한 분'(heis)이심을 강조한다. '그분'만이 구원하기도 하고 멸망시키기도 한다는 것이다. 율법을 제정하신 분과 그것으로 이웃을 심판하시는 분은 오직 하나님 한 분뿐이다. 한 분이신 하나님, 곧 '유일신 사상'(monotheism)은 이스라엘의 전형적인 신앙고백이다. "이스라엘아, 들으라. 우리 하나님 여호와는 오직 하나이신 여호와시니, 너는 마음을 다하고, 성품을 다하고, 힘을 다하여 네 하나님 여호와를 사랑하라."(신6:4) 율법의 제정자(制定者)이며 심판자이신 한 분 하나님만이 인간을 구원하고 멸망할 능력을 지니고 있다. 이웃을 심판하는 것은 전적으로 하나님의 소관(所管)이다. 따라서 우리가 이웃과 형제를 심판한다면, 그것은 하나님께서 하실 일을 찬탈(簒奪)하는 행위이다. 그것은 동시에 하나님을 자처(自處)하는 범죄행위가 아닐 수 없다. 그런 사람은 결국 하나님의 심판 대상이 된다.

이와 반대로 형제를 사랑하고 그의 허물을 덮어 두는 행위는 곧 율법을 준수하는 것과 같다. 율법의 골자는 '이웃 사랑하기를 네 몸처럼 하라'는 것이다. 우리에게 한 아버지를 모시고 있는 형제는 곧 내 몸인 것이다. 형제를 비방하고 심판하는 것은 곧 자기 몸에 칼을 들이대는 행위이다.

야고보는 그러한 일들을 하는 자들에 대하여 힐책을 한다. "도대체 당신이 누구이기에 이웃을 심판하는가?" 인간이 자기의 피조성(被造性), 유한성(有限性) 그리고 자기 자신도 결국 하나님 앞에서 심판의 대상이 될 수밖에 없다는 사실을 깨달을 때, 그는 함부로 이웃을 비방하거나 심판하지 않을 것이다. 사랑 안에서 말하고 사랑 안에서 행동하는 것이 이웃을 살리고 나를 살리는 길이다.

제21강 선(善)을 행하지 않은 죄

"'오늘이나 내일, 어느 도시에 가서, 일 년 동안 거기에서 장사하여 돈을 벌겠다' 하는 사람들이여, 잘 들으십시오. (14) 여러분은 내일 일을 알지 못합니다. 여러분의 생명이 무엇입니까? 여러분은 잠깐 나타났다가 사라져 버리는 안개에 지나지 않습니다. (15) 도리어 여러분은 이렇게 말해야 할 것입니다. '주께서 원하시면, 우리가 살 것이고, 또 이런 일이나 저런 일을 할 것이다.' (16) 그런데 여러분은 지금 우쭐대면서 자랑하고 있습니다. 이와 같은 자랑은 다 악한 것입니다. (17) 그러므로 사람이 선한 일을 할 줄 알면서도 하지 않으면, 그것은 그에게 죄가 됩니다."(4:13-17)

본문에서 야고보는 세상의 부귀와 명예에 집착하면서 살아가는 사람들을 향하여 경각심(警覺心)을 일깨워 준다. 인간이 산다는 것이 무엇인가? 그리스도교인으로서의 삶은 어떠해야 하는가? 생명을 가장 소중하게 여기고, 주님의 뜻에 따라 살고, 때를 얻든지 얻지 못하든지 선(善)을 행하는 것, 이 세 가지를 그리스도교인은 항상 생각하며 살아야 한다.

야고보 교회에는 해외무역을 하여 많은 부를 축적한 상인들이 많았던 것 같다. 그들은 도시에 가서 일 년을 머물며 장사하여 돈을 벌겠다는 계획을 짠다. '어느 도시에서', 행선지가 분명하다. '일 년 동안 머물며', 체류 기간이 분명하다. '장사하여', 할 일이 분명하다. '이득을 볼 것이다' 목적이 분명하다. 나름대로 자기 인생에 대한 치밀한 계획과 목적을 가지고 있다.

그런데 이 사람에게 한 가지 부족한 것이 있다. 무엇인가? 하나님에 대한 생각이 없다. 하나님을 도외시하고, 인생의 계획을 짜고 있다. 다시 말하면 그의 인생에서 하나님의 뜻이 배제(排除)되어 있다. 돈이란 무엇인가? 인간이 삶을 살아가는 데 있어서 필요한 수단이다. 그런데 이 사람에게는 이득을 얻어 돈을 버는 것 자체가 목적이 되고 있다. 돈은 삶의 수단이지 목적이 될 수 없다. 그런데 이 사람에게는 돈을 벌어 무엇을 하겠다는 목적이 없다.

이와 같이 돈 버는 것을 삶의 목적으로 삼고 살아가는 사람은 소유(所有)에서 삶의 보장을 찾으려고 한다. 소유가 자기 생명을 지탱해 준다고 생각한다. 이러한 부유한 크리스천 상인에 대해서 야고보는 14절에서 인간의 '실존적 상황(狀況)'이 얼마나 불확실한 것인가를 일깨워 준다. "여러분은 사실 내일 어떤 일이 일어날지 알지 못합니다. 여러분의 생명(zoe)이 무엇입니까?" 지금 이렇게 살아서 숨 쉬고 있지만, 우리는 내일 일을 알지 못한다. 아니, 한 치 앞일을 바라보지 못하고, 순간순간을 살아가고 있는 것이 인간의 실존적 상황이다.

소유에서 삶의 보장을 찾으려는 한 부자가 있었다. 그는 곡식을 쌓아 둘 곡간이 부족하여, 멀쩡한 것을 헐고 더 크게 짓고, 그곳에

곡식과 물건을 가득 쌓아 놓았다. 그러면서 "내 영혼아, 여러 해 쓸 물건을 이렇게 많이 쌓아 두었으니 평안히 먹고 마시고 즐거워하라." 그때 하나님께서 그 부자를 찾아가 말씀하신다. "어리석은 사람아, 내가 오늘 밤, 네 영혼을 도로 찾을 것이다. 그러면 네 소유가 누구의 것이 되겠느냐?" 자기를 위해서 재물을 쌓아 두고 하나님께 대하여 부유하지 못한 자는 이와 같다는 것이다(눅12:17 - 21).

자본주의 사회에서는 돈이 생명을 보장한다. 돈이 있으면, 생명을 연장하기도 하고, 죽을 생명을 살리기도 한다. 돈이 하나님인 세상이 자본주의 사회이다. 그러나 성서의 가르침은 이와 다르다. 사람의 생명이 그 소유의 넉넉함에 있지 않다.

성경 말씀에 따르면 생명은 천하보다 귀한 것이다. 생명은 가장 근본적인 것이다. 내 생명이건 다른 사람의 생명이건, 다른 동물의 생명이건, 모든 생명은 하나님께 속해 있다. 참새 한 마리도 하나님의 허락이 아니면 땅에 떨어지지 아니한다(마10:29).

너희 생명이 무엇이냐? 야고보는 인간의 생명을 자연현상에 비유하여 설명한다. 잠깐 보이다가 사라지는 안개와 같은 것이 생명이라는 것이다. 생명은 그렇게 무상한 것이요, 불안정한 것이요, 덧없이 지나가는 것이다. 야고보는 물질 속에서 삶의 보장을 찾으려는 부유한 크리스천 상인들에게 삶의 무상성(無常性)을 깨우친다. 안개는 아침에 해 뜨기 전에 땅에서 올라온다. 그러나 해가 뜨자마자 곧 사라지고 만다. 아침에 잠깐 보이다가 사라지는 안개, 이것이 인간의 실상(實像)이다. 생자필멸(生者必滅)이다. 나면 죽게 되어 있다. 잠깐 있다가 사라지는 안개와 같다. 이 세상에 오는 데는 순서가 있지만, 가는 데는 순서가 없다. 이것이 하나님의 창조법칙이다.

인간은 자기의 생명을 좌지우지할 수 없다. 물질이 그의 생명을 보장해 주는 것도 아니다. 생명의 이러한 덧없음은 인간의 유한성(有限性)을 깨닫게 해 준다. 죽을 수밖에 없는 존재라는 것을 깨닫게 해 준다. 그렇다면 야고보는 허무주의자인가? 그렇지 않다. 야고보가 강조하고자 하는 바는 생명은 전적으로 창조주 하나님에게 속해 있다는 점에 있다(잠27:1). 인간이 아니다. 물질도 아니다. 창조주 하나님만이 인간의 생명을 주관하신다. 생명의 근원은 하나님이시다. 유한성을 깨닫게 될 때, 죽을 수밖에 없는 존재라는 사실을 깨닫게 될 때, 우리에게는 무한하시고 영원하신 창조주 하나님에 대한 절대적인 신뢰가 가능하게 된다.

상인들은 인간의 생명이 본질적으로 무엇에 의해서 좌우되는가를 알지 못하면서 사업계획을 수립한다. 그러나 크리스천은 상인들처럼 그렇게 말해서는 안 된다. 15절에 따르면 물론 크리스천도 미래를 계획할 수 있는데, 그렇게 할 때에는 한 가지 단서를 붙여야 한다. '만일 주께서 그것을 원하신다면'이 그것이다. 초대교회 신도들은 그들이 장래 일을 결정할 때나 누구와 무슨 약속을 할 때 반드시 '주님이 허락하시면'이라는 단서를 붙였다. 그것은 우리의 삶과 장래의 계획이 전적으로 우리 자신이 아니라 하나님에게 달려 있다는 신앙고백과 결부되어 있다. 하나님이 우리 생명과 미래의 주인이시라면, 마땅히 그리스도교인은 하나님이 허락하시는 삶, 하나님께서 기뻐하시는 삶을 살지 않으면 안 된다.

크리스천은 생명의 덧없음과 그의 삶이 전적으로 창조주 하나님께 달려 있다는 깨달음 없이, 그의 미래에 대해서 자의적(恣意的)으로 계획해서는 안 된다. 그것은 주님이 원하시는 조건하에서만 가능하다. 인간은 자기 자신이 언제나 삶과 죽음의 경계선상에서 실존하고 있다는 사실을 인식할 때, 그리고 그의 미래가 전적으로 하나님의 손에 달려 있다는 사실을 인식할 때, 인간은 오로지 '이득을 얻는 일'에 대한 집착에서 해방될 수 있다.

중요한 것은 생명문제이다. 건강도 중요하고, 장수(長壽)도 중요하다. 천하를 얻었다 해도, 생명을 잃어버리면 모두 잃어버린 것이 된다. 그러나 더 중요한 것은 영생(永生)을 얻는 일이다. 돈 벌기에 바빠 영생 문제를 소홀히 한다면 그처럼 어리석은 사람은 없다.

16절에서 야고보는 그들이 허탄(虛誕)한 자랑을 한다고 힐책한다. 주님의 뜻을 따르는 것이 아니라, 오히려 그와 대립되는 행위를 한다는 것이다. 주님의 뜻에 반대되는 허탄한 행위는 무엇인가? 인간의 생명과 미래의 모든 계획이 자기 수중에 있다고 생각하는 것이다. 생명이 자기에게 속해 있다고 착각하는 것이다. 인간의 힘과 능력을 믿고, 그것에 의지해서 삶을 경영하고 미래를 계획하는 것이다. 이러한 것들을 자랑하는 것이다. 이러한 자랑은 모두 허탄한 것이요, 불신앙적인 것이다.

이러한 자랑은 모두 '악'(ponera)에서 난다는 것이다. 자기 자신이 '한계적 상황에 놓여 있는 존재'(야스퍼스) 또는 '죽음에로의 존재'(하이데거)라는 인식 없이, 자신에게서 삶의 보장을 찾으려고 하는 행위나 미래를 설계하는 행위를 야고보는 자만심의 발로이며, 동시에 그것은 결국 '자기의'(自己義)를 자랑하는 행위로 본다. 따라서 이와 같은 행위는 모두 악으로 규정된다. 자기 자랑은 육신의 정욕, 안목의 정욕과 함께 이 세상(Kosmos)에 속한 것이며(요일2:16), 자만은 자기 사랑, 돈 사랑과 함께 하나님을 모독하는 행위와 연관성을 지니고 있다(딤후3:2). 바울은 자기를 자랑하는 사람을 남을 중상하는 자와 같은 선상에서 다루고 있다(롬1:30 – 31).

17절에서 야고보는 결론적으로 말한다. 사람이 '선'(kalos)을 행할 줄 알고도 행하지 않으면, 그것이 '죄'(hamartia)가 된다고 한다. '선한 일을 하다'(kalon poiein)는 자선의 차원을 넘어서 정의를 세우는 일도 포함된다. 우리의 생명은 주님의 뜻 안에 있다. 그렇다면 호흡이 있는 동안 우리가 해야 할 일이 무엇인가? 선을 행하는 일이다. 선을 행할 수 있을 때 행해야 한다. 내일로 미루어서는 안 된다. 기회는 두 번 다시 오지 않는다. 오늘 해야 할 일을 다음으로 미루어서는 안 된다. 회개도 때가 있고, 선행도 기회가 있다. 선을 행할 줄 알고도 행하지 않으면, 그것이 죄가 된다고 야고보는 말한다.

인간에게 가장 근원적인 문제는 무엇인가? 생명이다. 인간은 생명을 한순간이라도 늘일 수 없다. 그 생명은 전적으로 창조주 하나님 손안에 달려 있다. 하나님께서 부르시면 누구를 막론하고 가야 한다. 그러면 어떻게 살아야 하는가? 내 뜻대로 살아서는 안 된다. 주님의 뜻대로 살아야 한다. 주님의 뜻은 무엇인가? 이웃을 내 몸처럼 사랑하는 것이다. 선한 일을 하는 것이다.

제22강 맘몬을 섬기는 죄

"부자들은 들으십시오. 여러분에게 닥쳐올 비참한 일들을 생각하고, 울며 부르짖으십시오. (2) 여러분의 재물은 썩었고, 여러분의 옷가지에는 좀이 먹었습니다. (3) 여러분의 금과 은은 녹슬었으니, 그 녹은 장차 여러분을 고발하는 증거가 될 것이요, 불과 같이 여러분의 살을 먹을 것입니다. 여러분은 마지막 날에도 재물을 쌓았습니다. (4) 보십시오, 여러분이 여러분의 밭에서 곡식을 벤 일꾼들에게 주지 않고 가로챈 품삯이 소리를 지르고 있습니다. 그래서 일꾼들의 아우성 소리가 만군의 주의 귀에 들어갔습니다. (5) 여러분은 이 땅 위에서 사치와 쾌락을 누렸고, 살육의 날에 마음을 살찌게 하였습니다. (6) 여러분은 의인을 정죄하고 죽였지만, 그는 여러분에게 대항하지 않았습니다."(5:1-6)

인간의 생사화복이 하나님의 손안에 달려 있다는 사실을 망각하고, 자기 힘으로 장밋빛 미래를 계획하고, 자만하고 자랑을 일삼는 사람들에 대한 경고에 이어, 본문에서 야고보는 물질적으로 부유한 성도들을 그 경고의 대상으로 삼는다.

1절에서는 부유한 성도들에게 통곡하고 울 것을 촉구한다. 부유한 자로 번역된 '플루시오스'(plousios)는 물질적인 부자를 지칭한다. 이에 대한 상반 개념에는 '프토코스'(ptochos)가 있다. 프토코스는 물질적으로 궁핍한 사람, 특히 다른 사람의 도움 없이는 생계를 꾸려 갈 수 없는 고아와 과부 등 절대 빈곤 상태에 처해 있는 생활보호 대상자를 지칭한다. 부유한 성도들을 향하여 울며 통곡하라는 경고는 그들을 회개로 인도하기 위해서가 아니다. 그들에게 곧 들이닥칠 재난에 대한 통고이다.

구약에서도 부유한 사람들에 대한 심판설교가 자주 등장한다. "부자들은 애곡할지어다. 야훼의 날이 가까웠으니, 전능자에게서 멸망이 임할 것이다."(암13:6) 누가복음에서도 예수는 부자들에게 재앙을 선포한다. 왜 그런가? 부자들은 이미 세상에서 받을 위로를 다 받았기 때문이다(눅6:20). 요한묵시록 저자도 라오디아게아 교회 공동체의 부자 성도들을 향하여 경고한다. "네가 말하기를 나는 부유한 사람이라, 풍족하여 부족한 것이 없다고 말하나, 네 곤고한 것과 가련한 것과 눈먼 것과 벌거벗은 것을 알지 못하도다."(묵3:17)

그러면 왜 부자들에게 재앙이 들이닥치게 되는가? 너희 재물은 부패했고, 너희 옷은 좀먹었다는 것이다. 부자들의 재물은 그것을 쓸 곳에 쓰지 않으면, 반드시 썩게 되어 있다. 야고보는 여기에서 가난한 사람들과의 연대를 염두에 두고 있음이 분명하다. 가난한 사람들과 더불어 나누지 않을 때, 그 재물은 반드시 썩게 되어 있다는 것이다. 재물이 사(私)로 머물 때에는 부패한다. 야고보는 재물의 공적 성격(公的 性格), 곧 돈의 공개념(公槪念)을 강조하고 있음을 알 수 있다. 부자들은 그들이 소유하고 있는 많은 의복들조차 가난한 삶들과 나누지 않고, 좀먹게 했다는 것이다.

3절에 따르면, 너희가 말세 축적한 금과 은이 녹슬었으니, 그것이 마지막 심판 때에 그들을 고발하는 증거가 될 것이다. 금과 은은 본래 녹슬지 않는다. 그런데 야고보는 부자들이 금과 은을 공(公)을 위하여 제대로 사용하지 않고 사(私)를 위해서 축적했을 때, 그것이 녹슬고, 부패하게 된다는 것을 말한다. 예수께서도 재물 축적에 대해서 경고한다. "너희를 위해서 보물을 땅에 쌓아 두지 말라. 거기는 좀과 동록이 해하며, 도적이 구멍을 뚫고 도적질을 하느니라. 오직 너희를 위해서 보물을 하늘에 쌓아 두라. 거기는 좀이나 동록이 해하지 못하며, 도적이 구멍을 뚫지도 못하고, 도적질도 못 하느니라. 네 보물이 있는 그곳에 네 마음도 있느니라."(마6:19 - 21)

금과 은은 녹슨다. 집도 시한부요, 돈도 시한부요, 인생도 시한부이다. 존재하는 모든 것이 녹슨다. 잠정적이요, 결국 지나가고 만다. 색즉시공(色卽是空)이다. 필요한데, 필요한 때에 쓰지 않으면 결국 쓸데없는 무용한 것이 되고 만다. 무상(無常)한 것이 재물이다.

부자들이 축적한 재물은 녹스는 데 그치지 않는다. 마지막 심판날에 그들을 고발하는 증거(martyrion)가 될 것이다. 그 녹은 마치 불과 같이, 그들의 살(sarks)을 파먹게 된다. 마지막 심판날이 다가오고 있음에도 불구하고, 부자들은 정신을 차리지 못하고, 재물을 지상에 축적하는 데만 여념이 없다. 부자 성도들의 반사회적 행태(反社會的 行態)를 야고보는 종말적 심판의 지평에서 예리하게 비판하고 있다.

4절에서는 그들이 축적한 재물이 어떠한 이유로 마지막 날에 심판 대상이 될 수밖에 없는지를 밝히고 있다. 그들은 불의한 방법으로 재물을 축적했기 때문이다. "보라, 너희 밭에 추수한 품꾼에게 주지 아니한 삯이 소리 지르며, 추수한 자의 우는 소리가 만군의 귀에 들렸느니라." 부자들은 날품팔이 노동자들에게 임금을 지불하지 아니하고, 그들의 임금을 착취하였다. 날품꾼은 하루 벌어 하루 생명을 연명해 간다. 그들의 임금(misthos)을 착취하는 것은 그들의 생명을 앗아 가는 행위이며, 따라서 간접 살인행위에 해당한다. 날품꾼들의 품삯(미스토스)이 소리 지른다! 하나님은 가난한 사람들의 절규를 들으시는 데 그치는 것이 아니다. 그들의 부르짖음에 응답하신다.

5절에서는 부자들에 대한 비판의 강도가 한층 높아진다. "너희는 이 지상에서 사치와 쾌락을 누렸고, 사육의 날에 마음을 살찌게 하였다." 여기에서 '지상'(epi tes ges)은 영원한 본향으로서의 지상이 아니다. 행인과 나그네처럼, 잠시 스치고 지나가는 흔적으로서의 지상, 곧 무상성(無常性)으로서의 지상을 가리킨다.

지상에서 가난한 사람들의 품삯을 착취하여 축적한 재물을 부자들은 어떻게 사용하는가? 그들의 사치와 향락을 위해서 탕진해 버린다. 부자들은 사치스럽고 호화로운 생활을 하여, 그들의 마음(kardia)을 살찌운다. 물론 여기에서 '카르디아'는 인간 자신을 지칭한다.

'도살의 날'(en hemera spages)은 하나님의 종말적 심판날과 관계가 있다. 심판날을 앞두고 부자들은 재물을 축적하여 사치와 향락을 즐기고 그들 자신을 살찌운다. 야고보는 사회적 불의의 근원을 어디에서 찾는가? 부자들의 임금 착취, 재산 축적, 사치와 향락생활에서 찾는다. 도살의 날에 그것들이 부자들을 고발한다.

6절에서 부자들에 대한 비판은 클라이맥스에 달한다. 그들은 의로운 사람(to dikaios)을 정죄했고, 살해했다는 것이다. 문맥에서 부자들이 정죄하고 살해한 의로운 사람은 가난한 사람과 연관성이 있다. 여기에서는 초대교회의 선교적 상황이 반영되어 있다. 예수도 살해되었고, 스데반도 살해당하였다. 베드로도 살해되었고, 주의 동생 야고보, 바울도 살해되었다. 초대교회는 한마디로 말하면 순교로 일관된 '순교(殉敎)의 역사'임을 알 수 있다.

그러면 누구에 의해서 살해되었는가? 그 사회에서 기득권을 장악하고 있던 무리들, 곧 부자들에 의해서이다.

본문에서 우리는 그리스도교인이 가져야 할 재물관(財物觀)을 엿볼 수 있다. 첫째로 그리스도교인은 재물에 관해서 '청지기 자세'를 견지해야 한다. 모든 재물은 인간이 아니라 하나님에게 속해 있다. 재물의 주인은 하나님이다. 인간은 재물의 소유자가 아니다. 관리자에 불과하다. 맡겨진 재물을 성실하게 관리하고, 그것을 주인의 뜻에 따라 사용해야 한다. 재물은 인간의 영광을 위해서가 아니라, 하나님의 영광을 위해서 쓰여야 한다. 하나님의 영광은 이웃 사랑에서 절정을 이룬다. 나눔의 삶 속에서 하나님의 영광이 드러난다. 재물의 공개념(公槪念)을 확립해야 한다.

둘째로 재물을 축적하며, 자기 자신을 위해서 사치하고 향락을 즐기는 데 사용하는 것은 범죄행위이다. 우리가 쌓아 둔 재물은 결국 녹슬고, 썩게 마련이다. 녹슨 재물, 부패한 재물이 마지막 심판의 날에 그리스도교인을 고발하는 요소가 된다. 그리스도교인은 이 세상에 본향을 두고 사는 사람들이 아니다. 가야 할 곳이 따로 있다. 잠시 행인과 나그네처럼 살아야 한다. 언제나 떠날 준비를 하고 살아야 한다. 자기를 비우는 삶, 검소와 금욕적인 삶은 불우한 이웃과 더불어 나누는 삶과 분리되지 않는다. 욕망을 줄이고, 근검절약하는 삶만이 이웃을 살리고, 하나님의 피조세계를 살리는 길임을 알아야 한다. 소비와 사치 중심의 삶과 문화는 죽음의 문화요, 동시에 죽임의 문화이다. 남을 죽이고 자연도 죽이고 결국 인간도 죽게 된다. 죽임의 문화는 반생명적(反生命的)이며, 그리스도교인에게 죄악이 아닐 수 없다.

셋째로 재물이 삶의 목표가 되어서는 안 된다. 그리스도교인의 삶의 목표는 무엇인가? 하나님 나라이다. 그 의로움을 성취하는 것이다. 물질을 인생의 목표로 삼을 때, 그것은 삶의 수단으로 머무는 것이 아니라 목표로 바뀌게 된다. 다른 것이 우상숭배가 아니다. 수단을 목표로 삼는 것이 우상숭배이다. 돈을 목표로 삼고 살면, 반드시 돈의 노예가 되고 만다. 삶이 사라지고, 하나님도 변두리로 밀려난다. 그렇게 되면, 십자가 간판을 내걸고, 그 밑에서 물질을 섬기게 된다.

넷째로 재물은 만능이 아니다. 재물의 한계성을 인식해야 한다. 돈으로 다 되는 세상은 잘못된 것이다. 돈이면, 정치도 되고, 나라도 된다고 믿는다. 그러니 수단방법 가리지 않고, 정치자금을 마련하느라 고심한다. 그러니 정치인들이 정치를 제대로 할 수 없다. 병원에 가 보라. 수술비가 없어 죽어 가는 사람이 있는가 하면, 돈을 쌓아 놓고 죽어 가는 사람들도 있다. 재물은 절대가 아니고 만능도 아니다.

제23강 인내와 기도

"그러므로 형제자매 여러분, 주께서 오실 때까지 참고 견디십시오. 보십시오. 농부는 이른 비와 늦은 비가 땅에 내리기까지 오래 참으면서, 땅의 귀한 소출을 기다립니다. (8) 여러분도 오래 참고, 마음을 굳게 하십시오. 주께서 오실 때가 가깝습니다. (9) 형제자매 여러분, 심판을 받지 않으려거든 서로 원망하지 마십시오. 보십시오. 심판하실 분이 문 앞에 서 계십니다. (10) 형제자매 여러분, 여러분은 주의 이름으로 말한 예언자들을 고난과 인내의 본보기로 삼으십시오. (11) 보십시오. 참고 견딘 사람은 복되다고 우리는 생각합니다. 여러분은 욥이 어떻게 참고 견디었는지를 들었고, 또 주께서 나중에 그에게 어떻게 하셨는지를 알고 있습니다. 주께서는 자비가 넘치시고, 긍휼이 많으십니다."(5:7-11)

본문에서 야고보는 신앙인의 실천덕목(實踐德目)에 관해서 말한다. "주께서 오실 때까지 참고 견디십시오." 신앙인의 실천덕목의 제1호는 무엇인가? '인내'(makrothymeo)이다. 그리스도교인은 '주께서 오실 때까지'(heos parousias tou Kyriou) 참고 견뎌야 한다.

믿음은 인내와 밀접한 관계를 가진다. 믿음이 있다고 하면서, 참을

성이 없다면, 그것은 헛된 믿음이다. 신앙인이 가져야 하는 덕목 가운데 가장 기초적인 것이 인내이다. 이러한 그리스도교인의 인내는 주의 오심(파루시아)을 기다리는 마음과 연관성이 있다. 인내가 있어야 기다릴 수 있다.

그리스도교 신앙의 구체적 뿌리는 주의 오심을 기다리는 데서 시작된다. 야고보는 인내를 말할 때, 두 가지 상이한 개념으로 사용한다. '마크로튜미아'(makrothymia)와 '후포모네'(hypomone)가 그것이다. 마크로튜미아가 주로 인간과의 관계에서 인내를 나타낸다면, 후포모네는 물리적 상황에서의 인내를 지칭한다. 상대방의 보답이 있건 없건, 그것에 매이지 않고 상대방을 사랑하고 보살펴 주는 자세에 변함이 없는 것, 그것이 마크로튜미아이다. 하나님은 우리가 죄를 짓고 잘못된 길로 가고 있음에도 불구하고 곧바로 심판하지 않으신다. 끝까지 참아 주신다. 억울함을 당하여 복수할 수 있는 힘이 있음에도 불구하고, 자제하며 참는 것이 바로 인내이다.

마크로튜미아는 변덕이 없이 지속되는 인간의 마음과 연관성을 지닌다. 7절에서 야고보는 인내심을 가지고 주의 오심을 기다릴 것을 말한다. 그 하나의 예로 농부를 들고 있다. 농부는 씨를 뿌리고 난 후에는 씨를 위해서 무슨 일을 해 줄 수 없다. 단지 인내심을 가지고 기다리는 것밖에 할 일이 없다. 농부는 이른 비와 늦은 비를 기다린다. 그것들은 씨앗이 터를 잡고 열매를 맺는 데 중요하다. 씨를 뿌린 농부가 인내심을 갖고 추수의 날을 기다리듯이, 그리스도교인은 박해와 핍박 가운데서 낙심하지 말고 인내심을 가지고 주께서 다시 오실 날을 기다려야 한다. 바울은 고린도 교회 성도들을 향하여 사도의 특성이 무엇인지를 밝힌다. "나는 여러분 가운데서 일일이 참으면서, 표적과 기사와 능력으로써 사도가 된 표적을 나타냈습니다.”(고후12:12) 사도됨의 표적으로 바울이 제일 중요하게 여기는 것이 모든 일에 있어서, 일일이 참는 것임을 알 수 있다. 갈라디아서는 성령의 아홉 가지 열매 가운데 하나로 오래 참음을 들고 있다.

사도행전에는 초대교회 신도들의 공동생활을 전해 준다. “믿는 사람은 모두 함께 지내면서, 모든 것을 공동으로 소유하고, 재산과 소유물을 팔아서, 모든 사람이 필요한 대로 나누어 가졌다.”(행2:45) 초대교회 공동체는 사유재산을 인정하지 않았다. 공동으로 소유하고 필요에 따라 분배하는 원초적인 공산주의 형태의 공동체를 이루고 있었다. 이와 같은 초대교회 신앙공동체의 유무상통 생활은 주님이 곧 오신다는 종말 신앙에 근거한다. 종말 신앙에 대한 기대가 그들로 하여금 상부상조하는 신앙생활을 가능하게 하였고, 아낌없이 봉사하고 희생하며 순교할 수 있도록 하였음을 알 수 있다. 그리스도교 신앙의 뿌리는 그리스도의 재림을 기다리는 인내에서 시작된다.

인내의 특징은 무엇인가? 그리스도교인은 주님이 오실 때까지 참아야 한다(7절). 주님이 오실 날이 가까웠다(8절). 심판하실 분이 문 밖에 서 계신다(9절). 인내의 한계를 야고보는 설정한다. 그것은 주님께서 오실 때까지이다. 다음으로 인내는 소망을 낳는다. 주의 오심에 대한 희망이 인내를 가능하게 한다. 막연한 기다림이 아니다. 농부는 곡식의 열매를 소망하면서 묵묵히 참고 기다린다.

9절에서는 서로 원망하지 말라고 한다. 원망이란 책임을 남에게 전가하는 데서 비롯된다. 원망하는 일은 곧 형제를 심판하거나 비판하는 일에 해당한다. 결코 원망이 없어야 한다. 원망하면 심판을 면하지 못할 것이라고 한다. 아마도 야고보는 본문에서 예수의 말씀을 회상하고 있을 것이다. "비판을 받지 아니하려거든, 비판하지 말라. 너희가 비판하는 그 비판으로, 너희가 비판을 받을 것이요, 너희가 헤아리는 그 헤아림으로 너희가 헤아림을 받을 것이다."(마7:1 - 2) 야고보는 이미 4장에서도 동일한 내용을 전하고 있다. "형제들아, 피차에 비방하지 말라. 형제를 비방하는 자나 형제를 심판하는 자는 곧 율법을 비방하고 율법을 판단하는 자이다. ……너는 누구인데 이웃을 판단하느냐?"(4:11 - 12)

아마도 야고보 사도는 교회 공동체 안에서 고난과 핍박을 당하고 있는 성도들이, 그것들을 인내로 극복하지 못하고, 서로 불평하고 원망하며 고난의 원인을 상대방에 전가시키는 상황을 목격하고 있는 것 같다. 역경을 당하게 되면 누구나 불평과 원망을 하게 마련이다. 그 원인을 타인에게 돌리기 마련이다. 적어도 그리스도교인은 그래서는 안 된다는 것이 야고보의 지론이다. 왜 그런가? 심판자는 하나님 한 분뿐이기 때문이다. 그런데 그 심판자가 지금 문밖에서 기다리고 계신다.

10절에서는 인내의 본보기를 제시한다. 우리가 아무리 억울한 일을 당해도 예수만큼 억울한 일을 당하지 않는다. 아무리 고통을 당한다 해도, 선지자들이나 욥이 당한 고통에 비할 바가 못 된다. 고난에도 굴하지 않고 참고 견디며 하나님의 심판을 기다리는 전형으로서 야고보는 주의 이름으로 말한 선지자들을 그 예로 든다.

이어서 인내(후포모네)를 발휘한 대표적인 인물로서 욥을 들고 있다. 고난 가운데서도 욥은 불평하지 않고 끝까지 참고 견디어 내었다. 그는 오직 하나님만이 내 길을 아시고 인도해 주신다는 믿음을 가지고 참았다. 이것이 욥의 인내이다. 인내의 결말은 어떠했는가?

하나님은 욥을 구원하셨고, 처음보다 더 많은 복을 내려 주셨다(욥 42:12).

11절에서 야고보는 참고 견딘 사람은 복이 된다고 말한다. 인내는 복이 된다. 무엇이 인내의 복이 되는가? 참지 못하고 버럭 화를 내게 되면, 반드시 후회하게 된다. 화를 내고 나면, 자기 인격에 대해서 비참한 생각이 들고, 자기 자신을 신뢰하지 못하게 된다. 그러나 참고 나면, 내가 잘 참았다는 기쁨이 생긴다. 인내는 자신에 대하여 신뢰감을 준다. 인내 자체가 자신에게 승리감을 안겨다 준다. 인내하는 편이 이기는 것이다. 인내함으로 믿음과 복이 생기게 된다.

하나님은 욥에게 복을 배나 주셨다. 하나님은 참는 자에게 필경 큰 복을 주신다. 인내는 하나님의 긍휼과 자비를 힘입게 한다.

그리스도의 재림(parousia)을 대망하며 그리스도교인은 어떠한 삶의 자세를 견지해야 하는가? 첫째로, 그리스도교인은 길이 참아야 한다. 현재 당하는 고난과 역경에 대해서 인내해야 한다. 약속된 주의 재림에 대한 종말적 희망을 포기하지 말고, 끝까지 인내해야 한다. 우리에게 맡겨진 사명에 게으르지 않고, 최선을 다하여 그것을 완수하고, 하나님께서 주실 상급을 인내 가운데서 기다려야 한다.

둘째로 마음을 굳세게 해야 한다. 흔들림이 없어야 한다. 아무리 역경이 닥쳐와도, 좌우로 흔들리지 않고 선을 행하는 일에 열심을 내야 한다. 세상에서 악인이나 부정부패를 일삼는 자들이 잘되고, 출세하는 것을 볼 때 또는 의인이 고난을 당하고 성실하고 근면한 사람이 고생하는 것을 볼 때, 우리의 신앙이 쉽게 흔들리기도 한다. 이런 부조리를 경험할 때, 그리스도교인은 더욱 마음을 강하고 담대하게 하여 신앙을 지켜 나가야 한다.

셋째로 서로 위로해야 한다. 어려운 일을 당할 때 원망해서는 안 된다. 책임을 남에게 돌려서도 안 된다. 고난 가운데 있는 형제자매들에게 쓸데없이 마음에 상처를 주거나 신앙적인 부담을 주어서는 안 된다. 주의 재림에 발을 딛고 살아야 한다. 그럼으로써 현재의 고통을 이겨 나가야 한다.

야고보의 종말 사상은 철저하게 예수의 종말 사상에 근거한다. 예수는 갈릴레아에 등장하여 하나님 나라 복음을 전파하였다. "하나님 나라가 박두하였다."(막1:15) 예수는 하나님 나라가 임박했다는 종말 사상에 사로잡혀 하나님 나라 복음을 전파하고 귀신을 내쫓으며 병자를 치유하였다.

마태복음에서는 마지막 날에 그리스도교인들이 당할 환난에 대한 주님의 말씀을 전한다. 그러나 "끝까지 견디는 사람은 구원을 얻을 것이다."(마24:13)

제24강 기도와 용서

"나의 형제자매 여러분, 무엇보다도 맹세하지 마십시오. 하늘이나 땅이나 그 밖에 무엇을 두고도 맹세하지 마십시오. '예' 해야 할 경우에는 오직 '예'라고만 하고, '아니오'라고만 해야 할 경우에는 오직 '아니오'라고만 하십시오. 그래야 여러분은 심판을 받지 않을 것입니다."(5:12)

본문에서 야고보는 맹세하지 말 것을 경고한다. 그는 지금까지 다루어 왔던 심판에 관한 주제를 본문에서 마무리 짓고 있다. 맹세 금지는 종말적 심판의 날에 심판의 근거를 제공하는 정직한 말과 거짓말에 상응한다. 이미 앞에서 살펴보았듯이 야고보는, 그리스도교인은 교회 공동체에서 혀를 무책임하게 놀려서는 안 되고, 그의 말(혀)에 책임을 져야 한다는 점을 누차 강조한 바 있다.

본문에서는 맹세에 관해서 말하는데, 그것은 인내와 대립되는 개념이다. 맹세는 고난과 역경 속에 있는 인간들에게 희망을 주고 용기를 주는 것이 아니다. 오히려 그 반대이다. 그것은 인간을 거짓과 멸망의 구렁텅이로 빠지게 한다.

본문에서 야고보는 신앙인이 하늘을 두고 맹세해서도 안 되고, 땅을 두고 맹세해서도 안 된다고 한다. 다른 무엇을 두고도 맹세해서는 안 된다는 것을 강조한다. 인간은 도대체 맹세를 해서는 안 된다는 것이다. 그러나 구약성서에는 맹세가 허용되어 있다. 구약의 전통에 따르면 인간은 맹세할 수 있다. 그러나 거짓 맹세를 해서는 안 되고, 일단 맹세한 것은 반드시 지켜야 한다. 이것이 맹세에 대한 구약의 견해이다. "너희는 내 이름으로 거짓 맹세를 함으로 네 하나님의 이름을 욕되게 하지 말라."(레19:12)

그러나 본문에서 야고보는 역사적 예수의 맹세 금지 사상에 근거하여 구약의 맹세 사상을 수정하고 있음을 볼 수 있다. 예수께서 맹세에 관해서 기본적인 입장을 다음과 같이 피력하신다. "옛사람들에게 이르기를 너는 거짓 맹세를 하지 말아야 하고, 네가 맹세한 것은 그대로 지켜야 한다 한 것을 너희가 또한 들었다. 그러나 나는 너희에게 말한다. 아예 맹세하지 말아라. 하늘을 두고도 맹세하지 말아라. 그것은 하나님의 보좌이기 때문이다. 땅을 두고도 맹세하지 말아라. 그것은 하나님께서 발을 놓으시는 발판이기 때문이다. 예루살렘을 두고도 맹세하지 말아라. 그것은 큰 임금의 도성이기 때문이다. 네 머리를 두고도 맹세하지 말아라. 너는 머리카락 하나라도 희게 하거나 검게 할 수 없기 때문이다. 너희는 '예' 할 때에는 '예'라는 말만 하고, '아니오' 할 때에는 '아니오'라는 말만 하여라. 이보다 지나치는 것은 악에서 나오는 것이다."(마5:33－37)

마태의 보도에 따르면, 예수는 모세의 계명과의 관계성 속에서 맹세 금지를 대립명제(Antithese) 형식으로 제시한다. 하늘은 하나님의 보좌이기 때문에 그것을 두고 맹세해서는 안 된다. 땅은 하나님의 발판이기 때문에 안 된다. 예루살렘은 큰 임금의 도성이기 때문에 안 된다. 네 머리를 두고 맹세를 해서도 안 된다. 왜 그런가? 인간은 한계적 존재이기 때문이다. 이 말은 무엇을 뜻하는가? 도대체 인간은 그 무엇으로도 맹세를 해서는 안 된다는 것을 말하고 네 가지 예를 들어 강조하고 있음을 알 수 있다. 그러면 맹세와 관련해서 인간이 할 수 있는 일은 무엇인가? '예' 아니면 '아니오'이다. 인간이 자기 스스로 책임질 수 있는 말만 하라는 것이다. 맹세를 어기는 경우, 그러한 맹세는 악(惡)에게서 난 것이라고 마태는 보도한다.

마태는 모세의 맹세에 대해서 예수께서 당부하신 맹세 금지를 상세한 내용으로 보도하고 있다. 그러나 야고보는 이를 요약하여 단지 원칙적인 수준에서 간추리고 있다. 자기가 한 말에 대해서 책임을 지는 사람에게는 맹세가 필요하지 않을 것이다. 그는 자기 말에 대한 책임을 그 자신의 권위와 더불어 져야 할 것이다. 다른 것의 권위에 의존하여 자기 자신의 말에 대한 책임성을 확인한다면, 그는 모든 일에 있어서도 책임을 지지 않을 것이다. 따라서 그는 자기 자신뿐 아니라, 하나님을 용납하지 못할 것이다. 그래서 야고보에 따르면 그리스도교인은 항상 정직한 말을 할 것을 요구한다.

예수는 베드로를 향하여 "오늘 밤 닭이 울기 전에 네가 나를 세 번 부인하리라"고 예언한다. 베드로는 펄쩍 뛰며 맹세한다. "주와 함께 죽을지언정, 결코 주님을 부인하는 일은 없을 것입니다" 베드로가 부인하지 않겠다고 맹세했을 때, 아마도 그것은 진실이었을 것이다. 그가 거짓맹세를 했다고 생각할 수 없다. 그러나 그는 그의 맹세를 지키지 못하고, 예수를 세 차례나 부인하고 말았다. 본의 아니게 거짓말을 하게 된 것이다.

대화는 상호 신뢰를 바탕으로 해야 한다. 내가 말을 했는데, 상대방이 의심하고 믿어 주지 않으면, 그것은 진정한 대화가 될 수 없다. 상대방이 내 말을 믿지 않는다. 그렇다면 어떻게 믿게 할 수 있는가? 그 방법의 하나가 맹세이다. 말만으로는 상대방이 신뢰를 하지 않기 때문에, 맹세를 하여 믿게 하는 것이다. 그리하여 맹세라는 죄를 범하게 된다.

야고보는 본문에서 맹세하지 아니함으로써 죄를 짓지 말라고 한다. 맹세가 곧 죄라는 것이 전제되어 있다. 말을 많이 하면 죄를 짓게 된다. 약속을 남발해도 죄를 짓게 된다. 맹세를 많이 해도 죄를 짓게 된다. 일단 맹세한 것은 손해를 보는 한이 있더라도 지켜야 한다.

맹세 자체는 가치중립적이다. 문제가 되지 않는다. 문제는 그것을 지키지 못할 때이다. 그리고 하나님의 이름으로 맹세할 때 문제가 된다. 우리는 맹세를 할 때, 일반적으로 '하나님의 이름으로!' 한다. 이것은 결국 십계명 가운데, 제3계명을 범하는 행위나 다를 바 없다. "너희는 너희 하나님 야훼와의 이름을 망령되게 일컫지 말라." 동시에 십계명 중 제9계명을 어기는 것이 된다. "네 이웃에 대하여 거짓 증거하지 말라." 그러므로 맹세 한번 잘못하면, 열 계명 가운데 두 개 계명을 어기는 꼴이 된다.

말은 그 사람의 인격을 나타낸다. 그러므로 말을 아껴야 하고, 말을 지켜야 한다. 말을 신중하게 하지 않으면 안 된다. 예수께서 친히 말씀하셨다. "오직 너희는 옳다, 옳다, 아니다, 아니다 하라. 이에 지나치는 것은 악으로 좇아 나는 것이다."(마5:37) '예'와 '아니오', '옳다'와 '아니다'는 남의 이름을 빌리거나, 남의 인격을 빌려서 할 수 있는 말이 아니다. 자기 주관적인 판단에 근거해서 자기가 스스로 책임져야 할 수 있는 말이다. 남의 인격이나 권위를 빌려서 나의 그릇된 사실을 은폐하려고 할 때 맹세가 나온다.

자기 자신의 말에 자신이 없을 때, 책임질 수 없을 때, 하나님의 이름을 걸고 맹세하는 것이다. 이것은 불경건한 일이요, 하나님의 이름을 망령되게 일컫는 일이다.

로마의 도미티아누스 황제는 황제가 되자마자 황제를 신으로 섬기라는 '황제 제의'(Kaisr – Kult) 칙령을 모든 식민지 국가들에 포고하였다. 황제를 신으로 섬기지 않는 민족이나 종교 단체는 누구를 막론하고 죽음이나 유배로 다스렸다. 당시 소아시아에는 7개 교회가 있었는데, 그 교회들에 속한 신도들은 야훼 하나님 외에는 그 어느 것도 신으로 섬기기를 거부하였다. 그들은 유일신 신앙으로 무장되어 있었기 때문에, 황제 제의를 거부했던 것이다. 그것은 곧 유배와 죽음을 의미하였다. 소아시아 교회들은 신앙의 정절을 지키다가 엄청난 시련을 겪고, 순교를 당하였다. 요한묵시록을 기록한 소아시아의 어느 교회에 속해 있던 장로 요한 역시 에베소에서 그리 멀리 떨어지지 않은 밧모섬에 유배당하는 신세가 되었다. 그곳에서 요한은 환상 가운데서 본 하나님의 말씀을 시련 가운데 있는 교회들에게 위로의 말로 전하고 있는데, 그 책이 요한 묵시록이다.

소아시아의 일곱 교회 가운데 서머나 교회가 있었다. 서머나 교회 주교였던 폴리캅이 형장으로 끌려갔다. 형의 집행자가 그에게 권유하였다. "예수를 안 믿겠다고 한 마디만 하십시오. 그러면 놓아드리겠습니다. 일단 화를 모면하시고, 다른 지역에 가서 그리스도교 복음을 전파하면 되지 않겠습니까?" 그때 폴리캅은 그 관리를 향하여 말했다. “내 팔십 평생에 하나님께서는 나에게 한 마디 거짓말을 하신 적이 없다. 나를 위해서 자기 아들을 세상에 보내셨을 뿐만 아니라, 십자가에 죽도록 허락하신 분이다. 나를 위해서 외아들까지 아낌없이 내어주신 분을 내가 어떻게 배신할 수 있겠는가? 내가 어찌 내 자신을 속이고, 하나님을 속일 수 있겠는가?” 폴리캅 주교는 결국 신앙의 정절(貞節)을 지키다가 화형을 당하고 순교(殉敎)를 하였다.

그리스도교는 하나님을 창조주 하나님으로 고백한다. 인간의 삶 전체를 하나님께서는 전적으로 주관하고 계신다. 하나님은 우리의 중심을 통찰하신다. 머리카락 한 올까지 다 세고 계신 분이 하나님이다. 우리가 하는 말 한 마디 한 마디 하나님은 다 듣고 계신다. 이것이 창조주 하나님 신앙이다. 비록 우리가 사람에게 하는 말이라 할지라도, 그것이 하나님에게 향한다는 사실을 잊어서는 안 된다. 동학사상처럼 그리스도교는 인내천(人乃天) 사상을 신봉하지 않는다. 사람이 곧 하늘이라고 말하지는 않는다. 그러나 인류 역사뿐만 아니라 개인의 사적인 모든 삶도 창조주 하나님의 세심한 보살핌과 통찰 아래 있다는 사실을 고백한다. 따라서 우리가 사람을 대할 때, 하나님이 보고 계신다는 의식을 가지고, 하나님을 대하듯이, 사랑과 정직으로 대하지 않으면 안 된다. 거짓 맹세가 아니라, 책임을 지는 진실한 말과 진실한 행동만이 이 세계를 구원할 수 있다.

제25강 치유의 사역

"여러분 가운데 고난을 받는 사람이 있습니까? 그런 사람은 기도하십시오. 즐거운 사람이 있습니까? 그런 사람은 찬송하십시오. (14) 여러분 가운데 앓는 사람이 있습니까? 그런 사람은 교회의 장로들을 부르십시오. 그리고 장로들은 주의 이름으로 그에게 기름을 바르고, 그를 위해 기도해 주십시오. (15) 믿음으로 간절히 드리는 기도는 앓는 사람을 낫게 할 것이니, 주께서 그를 일으켜주실 것입니다. 또 그가 죄를 지은 것이 있으면, 용서를 받을 것입니다. (16) 그러므로 여러분은 서로 죄를 자백하고, 서로를 위해 기도하십시오. 그래서 여러분이 나음을 받게 하십시오. 의인이 간절히 비는 기도는 큰 효력을 나타냅니다. (17) 엘리야는 우리와 같은 본성을 지닌 사람이지만, 비가 오지 않기를 기도하니, 삼 년 육 개월 동안이나 땅에 비가 오지 않았고, (18) 다시 기도하니, 하늘이 비를 내리고, 땅이 그 열매를 맺었습니다."(5:13-18)

마지막 단락에서 야고보는 교회 공동체 구성원들의 신앙생활에 필요한 권면을 주제로 삼고 있다. '기도하라!' '찬송하라!' '구하라!' 13절에서는 고난 중에 있는 신도들이 지켜야 할 신앙 지침이 기록되어 있다. 14~15절에서는 병자들을 위한 공동체의 치유 기도가 주제를 이루고 있고, 16절에서는 공동체 구성원 사이의 상호 죄 고백 문제와 중보 기도가 주제로 설정된다. 17~18절에서는 능력이 있고 응답을 받는 기도의 본보기로서 엘리야가 소개되고 있다.

예수께서 이 세상에 오신 목적이 무엇인가? 만민을 구원하기 위해서이다. 세상을 구원하기 위해서이다. 그렇다면 예수 그리스도를 전파하는 교회 역시 그러한 예수의 목적을 어떤 형식으로든지 담고 있지 않으면 안 될 것이다. 예수께서 이루신 구원은 부분적인 것일 수 없다. 전인적(全人的)이요, 전 사회적(全社會的)이요, 전 우주적(全宇宙的)이다. 부분적일 수 없다. 개인 영혼 구원에 국한될 수 없다. 예수의 구원은 영혼의 구원과 동시에 몸의 구원을 담고 있으며, 또한 사회적 구원을 넘어서 우주적 구원까지 확대된다.

인간은 영과 육으로 나누어지지 않는다. 영만 있고 육이 없다면, 그것은 귀신이지 인간은 아니다. 육만 있고, 영이 없다면 그것은 짐승이지 인간은 아니다. 인간은 영적 존재이며 동시에 육적 존재이다. 육적 존재이며 동시에 영적 존재이기도 하다. 편의상 인간을 영과 육으로 나누어 설명할 뿐이지 영과 육은 분리할 수 없다. 동시에 인간은 이웃과 분리할 수도 없다. 이웃과 나는 서로 연결되어 있다. 인간을 둘러싸고 있는 환경도 인간과 별개로 존재하는 것이 아니다. 인간은 결국 자기를 둘러싸고 있는 모든 것과 상호 유기적인 관계성 속에서 하나로 존재할 뿐이다. 인간은 개체이면서, 동시에 전체이다. 지구상에 존재하는 모든 생명이 서로 유기적으로 연결되어 있다. 그렇다면 기독교가 말하는 구원 역시 전체성을 담보하지 않을 수 없다. 전체를 도외시한 개체, 타자를 외면한 자아는 존재할 수 없다.

예수를 통한 구원에서 일차적인 것은 영혼 구원이다. 죄악의 세력에 묶인 우리를 자유롭게 하여 해방시켰다는 것, 죄와 허물로 죽을 수밖에 없는 우리를 그리스도의 공로에 의지하여 구원하고, 하나님의 자녀로 삼으셨다는 것, 이것이 영혼 구원이 갖는 본래적 의미이다. 영혼 구원과 동시에 하나님은 우리의 마음과 생각을 구원하신다. 우리의 생각과 마음은 '그리스도 안에서'(en Christo) 새롭게 된다. 그리스도 안에 있으면 누구를 막론하고 새 피조물이 된다. 옛것은 지나가고 새것이 된다. 새로운 존재로 다시 태어난 것이다(고후5:17). 이러한 존재의 변화는 오로지 그리스도 안에 있을 때만 가능하다. 그리스도는 우리를 상황으로부터 구원하신다. 영혼과 마음과 생각이 새롭게 태어나면, 주변 환경에 얽매이지 않게 된다. 비록 남에게 억울한 일을 당해도 억울한 마음이 생기지 않게 된다. 신분이 비록 천해도, 결코 그것에 매이지 않게 된다. 비록 돈이 없어도, 돈에 매이지 않게 되고, 감옥에 있어도 마음이 속박을 당하지 않게 된다.

그리스도께서 주시는 구원은 육체 질병에서의 해방도 포함된다. 신체적 구원이다. 예수의 하나님 나라 사역은 크게 세 부분으로 나눌 수 있다. 임박한 하나님 나라를 선포하는 것이고, 귀신을 쫓아내는 것이며, 질병으로 신음하는 사람을 치료하는 것이다. 질병 치료는 하나님 나라 사역에서 빼놓을 수 없는 중요한 사안 가운데 하나이다. 병에서 치유함을 얻는 것을 복음서에서는 구원과 일치시킨다.

마지막으로 구원에는 사회경제적 차원 그리고 우주적 차원이 있다. 하나님의 공의가 실현되고, 사회 정의가 구현된 상태를 구원이라 할 수 있다. 동시에 하나님의 피조세계를 오염으로부터 구제하고, 건강하게 보전하는 것도 구원의 필수적 요건 중 하나이다. 떼이아르 샤

르뎅은 그리스도를 우주 생명의 '오메가 포인트'(Omega Point)라고
정의하였다. 온 우주 생명이 지향하는 궁극적 수렴점이 다름 아닌
그리스도라는 것이다.

하여튼 성서가 말하는 구원은 부분적일 수 없고, 언제나 전체성을
담지한다. 야고보는 말한다. 너희 중에 고난을 당하는 사람이 있으면,
기도할 것을 권면한다. 즐거운 일이 있는 사람이 있으면, 찬송할 것
을 권면한다. 병으로 앓고 있는 사람이 있으면, 교회의 장로들을 청
하여 병 낫기를 위해서 기도할 것을 권면한다.

고난을 당할 때는 기도를 해야 한다. 기도하는 신앙을 말하고 있
다. 그렇게 하면 고난의 뜻을 알 수 있고, 왜 내가 고난을 당해야 하
는지를 알 수 있다. 우리는 고난을 당할 때 진실한 나의 모습을 살
펴볼 수 있다. 평안할 때는 내 자신에 대하여 무관심하다가, 고난을
당하게 되면, 나 자신의 진면목을 살피게 된다. 고난 가운데서 기도
하면, 우리를 향한 하나님의 뜻을 찾을 수 있다. 하나님께서 나를 어
떻게 인도하셨으며, 앞으로 어떻게 인도하시려고 하는지, 하나님의
나에 대한 경륜을 기도 가운데서 깨달을 수 있다. 고난 가운데서 기
도하면 '궁극적인 관심'(Ultimate Concern)을 가지게 된다. 내 인생
에서 어느 것이 일차적인 것이고, 어느 것이 부차적인지를 깨닫게
된다.

즐거워하는 사람은 찬양을 하라고 한다. 찬양하는 신앙에 관해서
말하고 있다. 일반적으로 어려운 일을 당하면 하나님을 생각하고 기
도하는 것이 상례이다. 답답한 일이 있고, 사업이 잘 안 풀릴 때 새
벽마다 교회에 나와서 열심히 기도하는 것은 어렵지 않은 일이다.
고난을 당하는 가운데 찬송을 하는 사람은 많다. 그러나 아무 일 없

이 무사하고 평안할 때, 그리고 즐거운 일이 있을 때 신앙생활을 소홀히 하고 하나님을 잊어버리기 쉽다.

즐거운 일이 있을 때일수록 하나님을 기억하라는 것이다. 기쁘고 즐거울수록 하나님을 찬송하라는 것이다.

다음으로 본문은 병자에 대해서 권면한다. 너희 중에 병자가 있으면, 교회를 생각하고, 믿음을 생각하고, 죄 문제에 관해서 생각하라고 한다. 교회 공동체 구성원 가운데 한 사람이 병들었다고 하면, 그것은 개인의 문제에 국한되는 것이 아니다. 그것은 곧 공동체 전체의 문제가 아닐 수 없다. 따라서 한 사람이 아프면 전 구성원이 그 아픔을 느껴야 한다. 강 건너 불 보듯 해서는 안 된다. 바로 이웃의 아픔이 나의 아픔으로 전이되어야 한다.

14절에서는 병든 자가 있으면 병원으로 달려갈 것이 아니라, 먼저 교회 장로를 청하라고 한다. 교회 지도자에게 먼저 알리라는 것이다. 병원에 가기 전에 먼저 목사님이나 교역자들이나 권사님들에게 부탁하여 함께 기도하는 것이 필요하다. 병 낫기를 위해서 함께 기도하면 더욱 믿음이 강해지고, 강한 믿음으로 기도하면 역사하는 힘이 크다. 15절에서는 믿음 기도는 병든 자를 구원한다고 말한다. 믿음을 가지고 여럿이 합심(合心)하여 기도를 하면 역사하는 힘이 크다.

유대교인들은 병이 나면 의사에게 가는 것이 아니라, 먼저 회당의 랍비에게 갔다. 랍비는 병자에게 기름을 붓고, 병 낫기를 위해서 간절히 기도했다. 초대교회의 치유 전통은 일차적으로 역사적 예수의 치유 전통에서 유래하지만, 동시에 유대교의 치유 전통과도 맥(脈)을 같이한다.

이어서 야고보는 "주의 이름으로 기름을 바르며 기도하라"고 한다.

기름은 헬라어로 '엘라이오'(elaio)인데, 그것은 올리브에서 짠 기름을 지칭한다. 여기에서는 올리브기름이 가지고 있는 의학적인 치유 효과에 대해서 말하고 있다. 병든 자는 기도만 하지 말고, 의학적으로 치료하면서 병 낫기를 위해서 기도하라는 것이다. 의학도 하나님께서 주신 선물이다. 그리스도교인은 그것을 활용해야 한다. 단 기도와 병행해야 한다는 것을 잊어서는 안 된다.

16절에서는 너희 죄를 서로 자백하며, 병 낫기를 위해서 서로 기도하라고 한다. 의인의 간구는 역사하는 힘이 크다. 여기에서 의인(dikaios)은 하나님의 뜻을 실천하고 그의 뜻에 순종하는 삶을 지칭한다. 교회 구성원 전체의 합심 기도, 특히 의로운 신앙생활을 하는 사람의 중보기도는 역사하는 힘이 강렬하여 죄의 용서를 가져온다.

엘리야는 누구인가? 우리와 같은 성정(性情)을 가진 사람이었다는 것이다. 흠이 있고 결점이 있는 사람이었다는 것이다. 특별한 사람이 아니라 우리와 같은 평범한 사람이었다. 그러나 우상이 들끓는 북이스라엘 사회의 한복판에서 그들에 대항하여 분연히 일어났다. 그는 3년 반 동안 비가 내리지 않도록 간절히 기도했다. 그러자 비가 내리지 않았다. 그가 비가 내리기를 위해서 다시 기도하자, 하나님은 이스라엘에 비를 내려 주셨다. 이처럼 간절한 기도, 정성이 담긴 기도, 의인의 정의를 위한 기도는 하늘을 열고 닫는 열쇠와 같다.

제26장 진리를 떠난 형제들

"나의 형제자매 여러분, 여러분 가운데 진리를 떠나 그릇된 길을 가는 사람이 있을 때에, 누구든지 그를 돌아서게 하는 사람은 (20) 이 사실을 알아두십시오. 죄인을 그릇된 길에서 돌아서게 하는 사람은 그 죄인의 영혼을 죽음에서 구할 것이고, 또 많은 죄를 덮어줄 것입니다."(5:19 - 20)

마지막으로 야고보는 신앙인으로서 정상적인 길을 떠나 그릇된 길을 가고 있는 형제들에 대한 권면을 주제로 삼고 있다. 본문에서는 '내 형제들이여!'(adelphoi mou)라고 호칭함으로써 앞에서 언급한 권면들과 성격을 달리한다. 앞에서는 죄 용서함을 받기 위해서 곧 언제나 자신의 죄를 깨닫고 고백하는 신도들인 반면, 본문에서는 신앙공동체의 일원으로서 그릇된 길을 가고 있는 신도들을 그 대상으로 하고 있다.

"너희 중에 미혹하여 진리를 떠난 자를 누가 돌아서게 한다면," 이 방인이 아니라 신앙공동체 구성원 중의 한 사람이 진리를 떠나 미혹

된 길을 가고 있는 것이 문제이다. 의역을 한다면, "너희 중에 진리로부터 떨어져 나가 그릇된 길을 가는 사람이 다른 사람에 의해서 다시 올바른 길로 돌아올 수 있다면"으로 의역이 가능하다. 야고보는 '진리'(aletheia)를 구원을 가져오는 하나님의 말씀으로 규정했고(1:18), 다른 한편으로 행위를 동반하는 신앙으로 규정하였다(3:14). 실천적인 신앙으로부터 벗어난 자는 곧 잘못된 길을 가고 있는 죄인이다.

여기에서 '미혹'으로 번역된 헬라어 '플라네'(plane)는 불순종과 우상숭배를 비롯하여 하나님의 뜻을 거역하는 일체의 행위를 총체적으로 표현하는 개념이다. 목표를 구체적으로 세우고 그 목표를 향하여 올곧게 나아가는 것이 아니라 불확실성 가운데서 허우적거리는 것을 뜻한다. 생활 태도가 빗나가고, 신앙이 빗나가고, 인생의 방향이 빗나가는 것을 뜻한다.

본문에서 그릇된 길이 구체적으로 무엇을 지칭하고 있는지는 알 수 없다. 아마도 마태복음에서 나오는 길 잃은 양과 상관성이 있을 것이다. "만일 어떤 사람이 양 일백 마리가 있는데, 그중에 하나가 길을 잃었으면, 그 아흔아홉 마리를 산에 두고, 가서 길 잃은 양을 찾지 않겠느냐? 진실로 너희에게 이르노니, 만일 찾으면, 길을 잃지 아니한 아흔아홉 마리보다 이것을 더 기뻐하리라."(마18:12 - 14) 마태는 형제가 죄를 범했을 경우 어떻게 신앙공동체가 대응해야 하는지를 말한다. "네 형제가 죄를 범하거든, 가서 너와 그 사람만 상대하여 권고하라. 만일 들으면 네가 네 형제를 얻은 것이요, 만일 듣지 않거든, 한두 사람을 데리고 가서, 두세 증인의 입으로 말마다 증참케 하라. 만일 그들의 말도 듣지 않거든, 교회에 말하고, 교회의 말도 듣지 않거든, 이방인과 세리와 같이 여기라."(마18:15 - 17)

진리란 무엇인가? 그 진리는 인간을 자유롭게 한다. 그리스도교는 언제나 진리를 윤리적 실천을 동반하는 개념으로 생각했다. 진리는 곧 경건하고 올바르고 흠 잡힐 것이 없는 행위를 포함한다(살전 2:10). 진리는 동시에 사랑으로 실천하는 믿음과 연관성을 지닌다(갈 5:6). 진리를 밝히 드러내는 일은 하나님의 말씀을 바르게 하는 일과 상관성이 있다(고후4:2). 그리스도교인은 인간의 간교, 꾐, 속임수로 꾸민 교활한 교훈들의 세상풍조에 따라 흔들려서는 안 되고, 사랑 안에서 진리를 말하고 실천해야 한다(엡4:14 – 15).

요한복음 저자는 도대체 진리가 무엇인가에 초점을 둔다. 그에 따르면 진리는 예수 그리스도 자신 외에 다른 것이 아니다. 예수는 진리를 증거하기 위해서 세상에 오셨고, 인간이 되셨다(요18:37). 빌라도는 진리 자체이신 예수에게 진리가 무엇인지를 질문한다(18:38). 예수는 자기 자신을 길이요, 진리요, 생명이라고 선언한다(요14:6). 진리에 속한 사람이 진리의 목소리를 들을 수 있을 뿐만 아니라, 진리는 인간을 자유롭게 한다(요8:32). 진리를 실천하는 사람은 항상 빛으로 나아간다(요3:21).

그러면 우리가 진리를 좇아 산다는 것은 무엇을 뜻하는가? 예수가 진리요, 예수 밖에서 진리를 발견할 수 없다면, 우리가 진리를 발견하고 진리를 좇는 생활은 어디에서 가능한가? 그것은 곧 예수를 발견하고 예수를 좇는 삶과 분리될 수 없다. 예수의 삶이란 무엇인가? 그것은 자기 자신을 위한 삶이 아니라, 전적으로 타자(이웃)를 위한 삶이다. 이웃을 사랑할 뿐만 아니라 원수까지 사랑하는 것이다. 철저하게 이타적(利他的) 삶으로 일관된 것이 다름 아닌 예수의 삶의 모습이다. 따라서 그리스도교인에게 진리를 좇는 삶은 예수를 따르는 제자직(Nachfolge)과 연관성을 지닌다. 타자와 더불어 살며, 타자와 더불어 사는 사회 구조를 건설하는 것이다. 그것이 예수를 따르는 삶이요, 진리를 좇는 삶이다.

그러면 진리를 떠난 자는 어떤 사람인가? 예수를 믿고 있지만, 여전히 세상의 정욕과 눈앞의 욕심에 이끌리어 자기중심적으로 삶을 살아가는 사람을 지칭한다. 예수를 믿기 전이나, 그 후나 전혀 존재의 변화를 경험하지 못한 사람을 지칭한다. 세상일에 대한 집착을 버리지 못하고, 여전히 그것에 매어 신앙생활을 하는 사람을 지칭한다.

야고보는 분명하게 말한다. 기도를 해도 응답을 받지 못하는 것은 정욕에 쓰려고 잘못 구하기 때문이다. 자기 욕심을 채우기 위하여 그리고 이기주의적인 동기에서 드리는 기도는 응답을 받을 수 없다는 것이다.

진리를 떠나는 또 하나의 이유는 신앙을 추상적인 지식으로 착각하는 것이다. 신앙을 지식과 혼동하면 안 된다. 성서에 대하여 지식적으로 많이 알면, 신앙이 좋아질 것이라고 착각한다. 그렇지 않다. 지식은 지식이고, 신앙은 신앙이다. 물론 성서에 대한 바른 지식은 건강한 신앙을 갖게 해 준다. 그렇다고 해서 지식이 곧 신앙은 아니다. 지식이 신앙을 성숙하게 하지는 않는다.

어떻게 해야 신앙이 성숙하는가? 순종해야 한다. 실천해야 한다. 이웃에게 자선을 베푸는 것도 그렇다. 이웃에게 자선을 베풀어 보아야 물질에 대한 욕심에서 해방될 수 있다. 돈에 매이지 않게 되고, 남모르는 기쁨과 희열을 느낄 수 있다. 그것은 이론으로는 안 된다. 지식으로는 안 된다. 경험과 실천을 통해서 스스로 그러한 느낌을 체험해야 한다. 진리는 순종이요 실천이다. 자비행이다.

신앙생활을 하다가 진리에서 떠나는 사람은 자기 힘으로 믿어 보려고 하는 사람이다. 내가 잘해서, 내 노력으로 잘 믿어 보려고 한다. 그러다가 결국 넘어지고 실족하게 된다. 자기 의에 의지하여 믿으려는 삶은 결국 좌절하게 된다. 믿음도 은혜이다. 하나님께서 믿음을 주셔야 믿을 수 있다. 거저 주시는 선물로 우리는 믿음을 생각해야 한다. 믿음의 주체는 내가 아니다. 어디까지나 하나님이다.

자기 명예나 성공에 집착하는 사람은 진리에서 떠나기 십상이다. 교회 공동체에서 자기 이미지 관리에 너무 신경을 쓰다 보면, 너무 명예를 지향하다 보면, 시험에 들고 넘어지게 된다. 나 때문에 다른 사람을 실족하게 만들고, 신앙을 저버리게 하는 경우도 있다.

바울은 디모데전서에서 진리를 떠나 비윤리적 행태를 일삼는 거짓 교사들을 비판한다. "누구든지 다른 교훈을 말하며, 바른 말, 곧 우리 주 예수 그리스도의 말씀과, 경건에 관한 교훈에 착념하지 아니하면, 저는 교만하여, 아무것도 알지 못하고, 변론과 언쟁을 좋아하는 자니, 이로써 투기와 분쟁과 훼방과 악한 생각이 나며, 마음이 부패해지고, 진리를 잃어버려, 경건을 이익의 재료로 생각하는 자들의 다툼이 일어나느니라."(딤전6:3 - 5)

그리스도교인의 책임 중 하나는, 진리의 길에서 벗어나 다른 길로 가고 있는 형제를, 다시 진리의 길로 돌아오게 하는 것이다. 진리의 길을 잃고 방황하는 형제를 다시 진리의 길로 돌아오게 하는 자는 형제의 영혼을 사망의 음침한 골짜기에서 구원하는 것과 같다. 그는 형제의 영혼을 구원할 뿐만 아니라, 그 자신의 영적인 성숙을 가져오기도 한다. 진정한 그리스도교인은 이웃에게 유익을 가져다주는 일이, 곧 자기 자신에게 구원을 가져오는 지름길이라는 사실을 깨달는 것이다. 이웃을 구원하는 길이 곧 자기 자신을 구원하는 길이 된다.

야고보는 언제나 신앙의 실천적 차원을 강조하는데, 그것이야말로 진리를 실천하는 길이기 때문이다. 이웃 사랑이 결여된 신앙은 그에 따르면 그 자체가 죽은 믿음이다. 신앙의 사회적 실천과 더불어 야고보는 신앙인이 분쟁과 당파심을 경계할 것을 말한다. 그리스도교인의 병폐는 자기는 항상 남을 가르치는 자로 생각하면서, 자기 자신도 교육의 대상이라는 사실을 망각하는 데 있다. 독선적이며 가르치려고만 하는 고압적인 신앙자세를 우리는 항상 경계하지 않으면 안 된다. 그리스도교인은 재산 축적하는 것을 목표로 삶을 살아서는 안 된다. 소유에서 삶의 보장을 찾으려고 해서도 안 된다. 창조주 하나님 신앙에 입각해서, 언제나 청지기로서의 삶을 살아야 한다.

그리스도교인은 시험을 당할 때도 흔들리지 않고, 인내할 줄 알아야 한다. 한 걸음 더 나아가 시련 가운데서 기뻐해야 한다. 시련을 통해서 믿음이 더욱 견고해지고, 성숙한 신앙인이 되기 때문이다. 진리를 추구하는 그리스도교인은 말에 있어서나 행동에 있어서 정직을 생명처럼 여겨야 한다. 자기 이익을 위해서 하나님이나 그리스도를 이용 대상으로 삼아서는 안 된다. 주의 재림에 관한 종말 신앙을 확고히 견지하고, 주의 날을 예비하는 삶을 살아야 할 것이다. 이것이 야고보가 우리에게 주는 생명의 말씀이다.

참고문헌

김철손, 『야고보, 베드로, 유다서』, 대한기독교서회, 1965.
이스튼/김철손, 『야고보서』, 성서주해 Ⅳ, 류형기 편, 한국기독교문화원,
　　　1968.
매튜 헨리, 『야고보서』, 기독교문사, 1979.
바클레이/문경식 역, 『야고보서』, 보문출판사, 1987.
프란츠 무쓰너/윤선아 역, 『야고보서』, 국제성서주석, 한국신학연구소,
　　　1987.
김명수, 『야고보서』, 대한기독교서회100주년기념성서주석, 대한기독교
　　　서회, 1994.
J. B. Adamson, The Epistle of James, London, 1977.
P. Davids, The Epistle of James, London, 1982.
R. Hoppe, Jakobusbrief, Stuttgart, 1989.
S. Laws, A Commentary on the Epistle of James, London, 1980.
G. Meier, Jakobusbfief, Stuttgart, 1988.
A. Schlatter, Der Brief des Jakobus, Stuttgart, 1985.
F. Schnider, Der Jakobusbrief, Regensburg, 1987.
W. Schrage, Der Jakobusbrief, Goettingen, 1980.
R. R. Williams, he Letters of John and James, Cambridge, 1965.

김명수

▌약력

성균관대학교, 한국신학대학, 동 대학원을 졸업하고 독일로 건너가 함부르크 대학교 신학부에서 7년 동안 신약성서학, 특히 공관복음서를 연구하고 신학박사 학위(Dr. theol.)를 취득했다. 한국신학연구소 학술부장, 함부르크 대학교 선교 아카데미 연구원, 부산신학대학 교수, 에큐메니칼 신학연구소 소장을 역임한 바 있고, 현재 경성대학교 신학대학장으로 있다.

▌주요 논저

지은 책으로는 『원시그리스도교 예수연구』(한국신학연구소), 『그리스도교와 탈현대성』(대한기독교서회), 『초대교회의 민중신학 담론』(한국신학연구소), 『역사적 예수의 생애』(한국신학연구소), 『복음의 자유』(한국학술정보), 『하나님의 아들』(M. 헹엘/대한기독교서회), 『원시그리스도교의 사회학적 연구』(G. 타이쎈/대한기독교출판사) 등 20여 권에 이르는 저서와 역서가 있다.

초판인쇄 | 2010년 6월 25일
초판발행 | 2010년 6월 25일

지은이 | 김명수
펴낸이 | 채종준
펴낸곳 | 한국학술정보㈜
주 소 | 경기도 파주시 교하읍 문발리 파주출판문화정보산업단지 513-5
전 화 | 031) 908-3181(대표)
팩 스 | 031) 908-3189
홈페이지 | http://ebook.kstudy.com
E-mail | 출판사업부 publish@kstudy.com
등 록 | 제일산-115호(2000. 6. 19)

ISBN   978-89-268-1095-8 03230 (Paper Book)
        978-89-268-1096-5 08230 (e-Book)

내일을여는지식 은 시대와 시대의 지식을 이어 갑니다.